AF458193

VOYAGE
D'UN JEUNE GREC
A PARIS.

II.

IMPRIMERIE DE MARCHAND DU BREUIL.

VOYAGE

D'UN JEUNE GREC

A PARIS,

PAR M. HIPPOLYTE MAZIER DU HEAUME,

Auteur des Observations d'un Français sur l'enlèvement des chefs-d'œuvre du Muséum de Paris, en réponse à la lettre du duc de Wellington au lord Castelreagh, en 1815.

Qu'Athènes du tombeau renaisse à votre voix !
Rendez-lui ses talens, *ses vertus* et ses lois.
VOLTAIRE.

TOME SECOND.

A PARIS,

CHEZ FR. LOUIS, LIBRAIRE-ÉDITEUR,

RUE HAUTEFEUILLE, N°. 10.

1824.

VOYAGE
D'UN JEUNE GREC
A PARIS.

CHAPITRE XXX.

Premier Théâtre-Français. — Mot du prince de Ligne et de Voltaire. — Ancienne salle. — Abus. — Salle nouvelle. — Anecdotes. — Examen critique des décors. — Acteurs actrices. — Moyen nouveau de recruter des sujets. — Foyer. — Récompense à décerner. — Régulus. — Clytemnestre. — Sylla.

PHILOMÉNOR, qui n'avait point encore visité le premier Théâtre-Français, depuis les réparations faites à cet édifice, vit avec plaisir que les baraques, placées naguère sous les portiques, avaient en partie disparu (1), mais il remarqua avec douleur et une sorte de pitié que les embasemens des colonnes, vraiment dégoûtantes par leur saleté, n'avaient point subi la restauration commune. « Etait-il donc indispensable, dis-je à mon Grec, de substituer

(1) On ne sait trop pourquoi on en a conservé près la porte des princes et des ambassadeurs.

à ces échoppes des espèces de cages où chaque soir le public est pour ainsi dire véritablement parqué, et dont les grillages, enchaînés aux murailles pendant le jour, donnent un air de prison (1) ou de garde-meuble aux parvis du temple de Thalie et de Melpomène ? Si le bon ordre et la sûreté personnelle rendent ces barrières utiles, n'eût-on pas dû les dessiner sur un modèle plus gracieux, plus léger, et leur donner la couleur du fer ou du bronze ? Oh ! que le prince de Ligne, me disait Philoménor, avait bien raison lorsqu'il écrivait à ce sujet : « Que l'économie n'aurait « point dû arrêter sa décoration intérieure, « et que le spectacle de la nation aurait dû « être traité autrement qu'un magasin à « bombes. »

La critique de cet écrivain, injuste pour l'Odéon, Favart et quelques petits théâtres secondaires, me semble subsister ici dans toute sa force. Aussi un homme plus célèbre encore, Voltaire, reprochait à notre nation

(1) Il y a peut-être économie pour les comédiens. En mettant plus de troupes sur pied, on se passerait facilement de ces désagréables clôtures.

de ne s'assembler que dans des salles de spectacle sans goût, sans proportion, sans ornemens solides, et aussi défectueuses dans l'emplacement que dans la construction.

Aux réflexions un peu sévères du philosophe de Ferney, j'ajouterai avec franchise que peu de spectacles étaient naguère aussi mal tenus que celui de la rue Richelieu. Comme au temps d'Augias, cette salle réclamait les travaux d'un nouvel Hercule pour nettoyer ses portiques, son vestibule, son foyer, ses loges, son parterre, dont les banquettes salies, rapetassées, annonçaient presque l'indigence dans un lieu où tout doit respirer la richesse et un luxe national. Que vous dirai-je encore de ces misérables tréteaux où se vendaient les rafraîchissemens! Il est peu de tavernes qui n'offrent des buffets plus décens à Paris. On eût presque cru qu'il n'y avait point de budget pour les dépenses urgentes.

Quant à l'architecture intérieure, point de grandiose : que signifiaient pour le premier théâtre du monde civilisé, quelques ornemens en bois marbré, peint ou doré, lorsque partout dans la capitale, les glaces, les stucs, les mosaïques, le porphyre, les statues de marbre, de bronze et d'albâtre décorent les hôtels, les magasins, les boutiques, même celles des herboristes, et se trouvent prodigués dans tous les cafés.

Cependant nous savions que le prince propriétaire de ce théâtre, avait accordé quatre cent mille francs pour le réparer et l'embellir. Des personnes dignes de foi nous avaient assuré que son altesse sérénissime eût même donné une somme plus forte si on l'eût demandée et jugée nécessaire. Nous devions nous attendre à des merveilles: c'était la volonté du prince, c'était le vœu de Talma; nous étions donc entièrement préparés à nous extasier sur des décorations monumentales, parfaitement en harmonie avec nos chefs-d'œuvre dramatiques. Philoménor était persuadé d'ailleurs que l'élévation du génie de Corneille et de Racine avait pénétré l'architecte d'un noble enthousiasme; et les vers de vos poètes, ajoutait-il, auront inspiré des idées sublimes, des idées dignes de ces hommes immortels.

Cependant je m'aperçus que la foule grossissait et se pressait autour des portes qui s'ouvraient. « Entrons, dis-je à mon ami, nous n'en disserterons que plus à notre aise. »

Le vestibule nous parut aussi bien orné, que le plafond, écrasé par la masse de l'édifice, semblait le permettre. Après avoir admiré un des chefs-d'œuvre de Houdon, je veux dire la statue de Voltaire en marbre qui nous parut placée là tout exprès pour y recevoir les admirateurs de son beau talent, et y narguer ses ennemis par un rire véritablement sardonique, nous prîmes possession de deux places à l'orchestre, d'où nous pouvions parfaitement tout voir, tout entendre, et nous communiquer mutuellement nos observations. Nos yeux avaient parcouru l'ensemble et les détails : notre étonnement fut grand; des colonnes de bois, assez mesquines, avaient été abattues et remplacées par de petits cylindres dorés, cent fois plus mesquins encore. « Que ne prenait-on un moyen terme, me dit tout bas le jeune Grec? Si quelques colonnes gênaient la vue du spectacle, il fallait en réduire le nombre, les diminuer de grosseur, les revêtir de stuc, mais non les détruire entièrement. Quelle idée singulière ont eu les architectes en soutenant ces galeries par des fuseaux de fer doré! (1) » « Pas tant ridicule, lui répondis-je, c'est peut-être une espièglerie des artistes; n'auraient-ils point voulu représenter le caractère distinctif de la société de ce théâtre, dont l'autorité occulte, l'autorité despotique est tombée depuis si long-temps en quenouille. A quelle époque sera-t-il plus urgent de mettre en vigueur la loi salique? Voici une anecdote, nous dit un de ces hommes que l'on appelle furets de coulisse, et que le hasard avait placé à côté de moi : Voici une anecdote qui prouve bien ce que vous venez d'avancer. Un de mes amis, auteur d'une comédie moderne, fut informé que sa pièce avait été reçue à l'unanimité, mais qu'aucune époque n'avait été fixée pour la mise en scène, et conséquemment pour la représentation. Heureux sous un rapport, et pourtant désespéré, il se rend chez une de nos meilleures comédiennes, lui conte sa mésaventure, et surtout lui lit avec chaleur le rôle qu'il avait fait exprès pour elle, un rôle tout

(1) La dépense en a été légère, puisque ces branches de fer avaient été introduites autrefois dans les colonnes supprimées, pour les rendre plus solides.

à la fois gai, naïf, touchant, ingénu, et dans lequel la célèbre virtuose crut apercevoir sur-le-champ tous les élémens du plus brillant succès. Lorsque le poète eut achevé sa lecture, l'excellente actrice lui dit : Rassurez-vous, votre affaire ira bien, je m'en charge; j'en réponds; vous serez joué, et sous peu. Quelques momens après elle monte dans sa voiture, se rend au comité français alors réuni, et, sans autre préambule, demande quel jour on devait distribuer les rôles de la comédie de M. D***, qu'elle venait d'entendre réciter et dont elle était encore émerveillée. — Il serait assez difficile, Mademoiselle, lui répondirent quelques importans personnages du sanhédrin comique, il serait assez difficile de vous donner à ce sujet une réponse bien certaine et bien précise. Vous ne l'ignorez pas, la tragédie de M. S***, le drame de M. P***, la comédie de M. G***, doivent par ordre de date passer nécessairement avant la pièce du jeune auteur auquel vous prenez un si vif intérêt. A dieu ne plaise! nous ne sommes pas ici dans l'usage de faire de passe-droits à qui que ce soit. — J'admire vos scrupules, repartit en riant

Mlle ***; je vous crois sur parole; je dirai plus, je suis très-persuadée qu'aucun auteur n'oserait à juste titre vous démentir sur un point aussi délicat. Mais songez donc, je vous prie, que la comédie de M. D*** est véritablement charmante; songez qu'elle a le mérite de l'à-propos; c'est tout à Paris : il y aurait plus que de la sottise à n'en pas profiter; et puis mon rôle, oh! oui, mon rôle est délicieux; enfin, je vous l'annonce très-positivement, si la pièce n'est pas mise à l'étude lundi prochain, le jour même, comptez sur ma démission, j'y suis parfaitement décidée.

A cette déclaration aussi inattendue que foudroyante, tous les auditeurs sont justement consternés. Le trésorier croit voir sa caisse vide ou renversée. On se tait; on ne trouve pas la plus petite objection à présenter contre des argumens aussi forts qu'irrésistibles. A l'instant même les rôles sont distribués; et en moins de quelques semaines la comédie de M. D*** fut apprise, jouée et applaudie à tout rompre.

Ce fait n'est pas sans exception, reprit un de mes amis, qui, m'ayant aperçu, était venu se mêler à notre conversation. Quelle finesse aussi, Messieurs, n'a pas été obligée d'employer la jolie Mlle *** pour vaincre tous les obstacles qui s'opposaient à ses débuts, et pour se soustraire à ce joug que s'est laissé imposer si bénévolement la troupe du premier théâtre.

Au sortir du conservatoire, dont elle était élève, elle commença par prendre des leçons de déclamation d'un de nos plus célèbres acteurs, chez lequel elle se rendait chaque jour. Insensiblement, en formant son écolière, le maître ressentit pour elle un sentiment plus vif que l'amitié, une affection qui ressemblait beaucoup à celle du tendre Abeilard pour la nièce du chanoine Fulbert. Mais, hélas! il ne rencontra pas dans Mlle *** une Héloïse. Sans rebuter précisément un homme qu'elle avait tant d'intérêt à ménager, Mlle ***, coquette et prude tour à tour, éludait, par des réponses évasives, de souscrire à des avances qu'elle ne voulait pas écouter. Tout en récitant les vers du Misanthrope de Molière, elle saisit si complètement dans ses relations avec son pédagogue dramatique, le caractère de la coquette, tracé par le poète, que cette habile

Célimène parvint facilement à tromper ce crédule Alceste. Les progrès de Mlle *** devinrent surprenans. Elle s'en aperçut, et désira débuter : le maître promit; à l'entendre, il menait tout le comité, presqu'entièrement composé, disait-il, de femmes dont l'autorité se bornait à des caquets, qu'il avait le secret de faire taire par quelques soins délicats, et quelques attentions recherchées.

Cependant le jour du début n'arrivait point; Mlle *** s'aperçut que les espérances que lui donnait son professeur n'étaient pas aussi solides qu'il avait désiré le lui faire croire. Toutefois, elle ne voulut pas rompre brusquement avec lui; en fille prudente, ses visites devinrent plus rares; et probablement quand elle se crut appuyée par des protecteurs plus puissans, les visites cessèrent tout-à-fait : le maître s'en étonna; à la surprise succéda le mécontentement. Un jour, bien conseillée sans doute, Mlle *** écrivit à Messieurs les sociétaires une requête humble et polie dans laquelle elle demandait à débuter. L'aréopage comique connaissait son talent; la réponse fut un refus, qu'on pouvait regarder presque comme absolu. On daigna l'adoucir en le motivant.

« Il y en avait tant d'autres avant elle ; on ne pouvait tout au plus lui donner qu'un jeudi, et encore ce jour était si rapproché, que la représentation de faveur qu'on semblait vouloir bien lui accorder devait être regardée comme illusoire. » D'après cette réponse Mlle *** écrit un second placet dans lequel elle sollicite une audience. Cette fois sa demande fut octroyée. Parée de sa jeunesse, de sa beauté, de ses grâces, encore embellie par la toilette la plus recherchée, la belle aspirante se rend au théâtre dans l'équipage le plus élégant. Des domestiques richement vêtus, qui l'avaient accompagnée, ouvrent la portière, et lui aident à descendre ; l'un se charge de son cachemire, l'autre de son ombrelle ; suivie de ce cortége imposant, elle reçoit avec grâce, sous le péristyle, la main d'un sociétaire, qu'un heureux hasard avait conduit sous les portiques de la salle.

Mlle *** est introduite ; à sa vue, les acteurs sont éblouis ; quelques actrices froncent le sourcil, ou montrent un sentiment d'humeur mal dissimulé, lorsque la modeste pétitionnaire adresse à l'assemblée un petit discours le plus adroitement tourné, dans lequel tous les amours-propres sont flattés, caressés, adulés avec un art et surtout un débit parfait. Elle finissait par témoigner aux sociétaires le regret profond qu'elle ressentait d'avoir pour ainsi dire perdu l'espoir d'entrer dans une société dont les membres étaient aussi remarquables par les plus rares talens que par les qualités du cœur et de l'esprit.

Elle ne voulait pas, disait-elle, les contraindre, quoiqu'elle possédât entre ses mains une pièce qui semblait lui en donner le droit. Elle ajouta qu'elle était décidée à n'en pas abuser. Et au même instant, elle tire de son sac, et présente au comité un ordre de début, signé du ministre.

Le précieux papier passe ou plutôt vole de main en main; on peut à peine en croire ses yeux. On lit, on relit l'ordre de début; l'embarras est général; on se regarde, on étudie chaque physionomie, on s'interroge réciproquement des yeux; et l'on finit par ne rien décider.

Témoin de cette singulière irrésolution, Mlle *** est prête à se retirer. Tout-à-coup, elle reprend l'arrêté du ministre qu'examinait encore un acteur, et le déchire en mille morceaux. A cette scène imprévue tous les visages s'épanouissent. L'honorable société se croit débarrassée de la fausse position où elle se voyait réduite, et que tout était fini. Combien ne fut-elle pas désappointée quand la fine postulante déclara qu'elle acceptait néanmoins avec reconnaissance, la proposition de début que les sociétaires lui ont faite pour le jeudi suivant.

A peine Mlle ***est-elle sortie, à peine a-t-elle regagné sa voiture, que la séance devient extrêmement orageuse. On délibère. On cherche un biais pour revenir sur une décision qu'on n'avait regardée jusque-là que comme un refus civil et honnête.

On se détermine donc à lui répondre, que le début promis pour le jour suivant ne pouvait avoir lieu; qu'une répétition d'ensemble, absolument indispensable, était impossible, attendu que les lundi, mardi et mercredi étaient pris pour les soins qu'exigeait une pièce depuis long-temps à l'étude.

Nouvelle réplique de Mlle *** où elle déclarait qu'elle était tellement pénétrée de son rôle, qu'une répétition d'ensemble était superflue, et qu'elle comptait définitivement sur les offres du comité. Cette fois sa lettre n'était pas adressée à la société, mais bien à l'un des coryphées les plus influens, à son ancien maître, qu'elle qualifiait de président en chef du comité; et cette dernière épître fut expédiée sans être cachetée.

A la réception de cette curieuse missive, le président prétendu était absent : d'abord la suscription déplut à tous. Ensuite puisque la lettre n'était point cachetée, on arrêta unanimement qu'aucune convenance n'empêchait d'en faire sur le champ la lecture. Si l'adresse avait déplu, le contenu parut bien plus difficile à digérer : Mlle *** a une mémoire très-fidèle. En écrivant donc à l'ancien directeur de ses études, la jeune élève était étonnée des difficultés qu'elle éprouvait; et sur-tout d'être éconduite d'une manière aussi peu d'accord avec la puissance qu'il s'était vanté d'exercer sur le comité, composé presque entièrement de femmes, qu'il devait si facilement réduire au silence en faisant *des avances à celle-ci*, en prodiguant des promesses à celle-là, quelques douceurs à cette autre; et tous ces mots étaient soulignés.

Sur ces entrefaites, lorsque l'indignation

était à son comble, l'acteur auquel la lettre avait été spécialement écrite, arrive. Les reproches les plus vifs et les plus amers lui sont adressés. Et d'abord, il n'y avait point de président dans une société où il ne devait se trouver que des égaux. Que signifiaient d'ailleurs les expressions soulignées?

Les explications données par le sociétaire inculpé, ne paraissant pas satisfaisantes, plusieurs de ces dames lui firent vivement sentir combien les expressions relatées dans la lettre, leur étaient sensibles et blessaient leur extrême délicatesse.

Enfin, tout bien calculé, les sociétaires, un peu remis d'une première émotion, ne pouvant revenir décemment sur leurs pas, prirent le parti de se résigner, et de jouer dans les pièces que Mlle *** avait choisies pour son début. Le sacrifice était grand, mais pour tempérer la joie qu'un succès eût pu causer à la débutante, on mit en réquisition le ban et l'arrière-ban de tous les claqueurs à la solde, qui furent mandés, non pour l'applaudir, mais pour la siffler à toute outrance. Ces prudentes mesures furent déjouées. La vue de Mlle *** que les claqueurs ne connaissaient pas, excita leur admiration. Dès les premières scènes, elle eut le secret de capter leur bienveillance; et ce point capital obtenu, au lieu de siffler, ils se joignirent au public pour lui prodiguer des applaudissemens mérités.

On assure que, le soir même, l'ancien maître de la débutante donna sa démission, et qu'il reçut le lendemain l'invitation de se rendre aux Menus-Plaisirs; non seulement il y trouva M. l'intendant, mais un sage ministre qui lui rappela toutes les bontés dont il avait été comblé par le gouvernement, et lui déclara que si sous vingt-quatre heures il ne réparait pas la faute de la veille, il serait aussitôt privé de ses pensions, et même de celle de retraite. Cet excellent acteur fit à ce sujet de mûres réflexions; et fort heureusement pour les sociétaires, il se décida à recevoir encore longtemps les applaudissemens d'un public qui sait si bien apprécier son beau talent.

« Cette anecdote est très-piquante, lui dis-je; mais reprenons le fil de nos observations qui nous ont procuré le plaisir de l'entendre. Décidément, je crois que nos architectes conserveront éternellement le goût des colifichets. Partout on est forcé de le répéter. Nous ne les verrons jamais revenir à ce beau réel qui résulte de l'étude des convenances méditées et réfléchies.

« Les lois immuables de ce beau, reprit Philoménor, sont pourtant écrites sur tous les monumens de l'antiquité. Le laps des siècles ne les a point altérées; tous les ans le gouvernement envoye des éléves à ses frais po[illegible] les étudier sur la terre classique des arts. Mais à quoi bon? si le fruit qu'on se promet de ces utiles voyages se dessèche et tombe avorté. Pour nous, mon cher ami, sans cesse nous les admirons ces lois immortelles qui ont guidé dans leurs travaux les Vitruves français à Sainte-Geneviève et au Val-de-Grace, au Louvre et au Luxembourg, à Trianon et à Versailles. Pourquoi certains hommes ont-ils les yeux fermés?

« Le rideau amarante est d'un grand effet; ses plis onduleux sont parfaitement calqués, et semblent céder au poids des broderies et des crépines d'or. Mais comment ne pas rire de l'espèce d'arlequinade qu'offre le coup d'œil général de la salle, et qui n'est que le résultat de tant de nuances bizarrement assorties, et surtout très-défavorables pour la toilette des femmes?

« N'est-il pas étonnant, me disait encore Philoménor, que l'on ait exilé de leur sanctuaire Thalie et Melpomène (1)? Quoi! ces deux muses n'y ont pas leurs attributs les plus remarquables! N'eût-on pas dû, en conscience, sacrifier une vingtaine de mille francs, pour y placer dignement ces deux sœurs d'Apollon avec les trophées de leur gloire? Que dites-vous encore de ces magots grisâtres si pesants et si laids, et que pourtant l'on appelle des Amours? N'était-il pas encore facile de ménager au-dessus des loges un asile pour les bustes de nos principaux poëtes? On les avait tout sculptés; en les ôtant du foyer, ils eussent pu être remplacés par ceux des auteurs plus modernes, tels que La Harpe, Chénier, Beaumarchais qui les ont suivis dans la même carrière, et qui pourtant ne s'y trouvent pas. Les images des pères de la scène française, transportées ainsi au milieu des spectateurs, eussent en quelque sorte paru jouir de leurs

(1) Ce n'était pas ainsi que les anciens ornaient leurs spectacles. Ils savaient leur donner un caractère spécial, comme on peut s'en convaincre par les débris du théâtre de la villa Adriana, qui font partie du Museum anglais.

triomphes et s'associer à nos plaisirs. Je ne me trompe point, les peintures du plafond me semblent faites sur papier (1); au devant des galeries du haut et du centre de la salle, on croit retrouver du papier; on en remarque même dans l'intérieur des loges; il faut pourtant excepter celle du propriétaire, qui me paraît très-élégamment décorée. Pour ne point blesser le ton d'uniformité, n'eût-on pas dû disposer toutes les premières sur le même modèle, et draper les secondes et troisièmes avec des tissus moins riches, mais plus solides. »

« Avec cinquante mille francs, et beaucoup moins, je me serais chargé de les faire tapisser toutes d'après votre plan, nous dit un inconnu qui avait écouté notre conversation, et que je pris pour un négociant de la capitale; voyez, Messieurs, ajouta-t-il, comme cet or est grossièrement appliqué; je crains bien que son éclat ne soit pas plus durable que tout le clinquant de l'Odéon et de l'Opéra provisoire. » « Pour moi, reprit Philoménor, je crois vos architectes entièrement brouillés avec les sculpteurs pour les sta-

(1) Et quel papier! à 36 sous le rouleau.

tues et bas-reliefs en marbre et les fondeurs en bronze, dont ces messieurs font si peu d'usage ; et je suis convaincu qu'ils ont de plus une antipathie très-marquée pour les marchands d'étoffes en laine, coton et soieries, dont ils se servent le moins possible. » » En revanche, reprit notre voisin en souriant, je soupçonne fort qu'ils ont fait à la sourdine un arrangement exclusif avec les plâtreurs, barbouilleurs et fabricans de papiers peints; peut-être ma présomption n'est-elle pas dénuée de vraisemblance. » « Mais supposez, répliquait Philoménor, un étranger aussi passionné que moi pour l'art dramatique; supposez un étranger qui, pour se rendre plus tôt à Paris, courrait toujours la poste sans s'arrêter dans aucune des villes où sont vos plus célèbres ateliers et vos plus florissantes manufactures; supposez encore que cet Italien, ce Russe, ce Polonais se fasse dès le soir même de son arrivée conduire de suite au premier théâtre, au théâtre Français par excellence, et que son Cicerone l'introduise par un des escaliers latéraux dans l'enceinte intérieure de la salle ; quelle idée se fera-t-il de la France et de son industrie ? Oh! bien certainement, en apercevant les plus riches substances de la nature et les produits réels des arts, imités uniquement à coups de pinceau, il doutera si vous avez les talens nécessaires pour sculpter les matières dures; et si dans vos départemens vous possédez la plus petite carrière de granit. Vous croira-t-il même initiés à ces procédés utiles qui marmorisent les pierres gypseuses, ou qui déguisent, sous une couche de stuc, des murs grossiers ou de frêles colonnes en bois, lorsqu'il ne verra nulle part l'emploi brillant de ces incrustations savantes et de ce précieux mastic? Ne se persuadera-t-il pas que vous éprouvez une affreuse disette d'étoffes précieuses et même communes, en réfléchissant avec quelle parcimonieuse économie on les a mises en œuvre dans vos décors? Et, quand la toile sera levée, il se figurera être placé dans un magasin de couleurs, devenu le péristyle d'un palais. »

« Plaisanterie à part, lui dis-je, mon cher Grec, ce théâtre eût été très-convenable pour les Variétés ou l'Ambigu-Comique; mais il n'a pas cette gravité qu'exige la première scène tragique du monde civilisé. La petitesse raccourcie du plan, et son insignifiante restauration, auraient dû décider le directeur des travaux à mettre au concours la restauration de cette salle; et on eût été pour lors à l'abri de ces gauches et sottes méprises. Cet édifice était, ce me semble, assez important pour rendre cette mesure indispensable. »

On était prêt de commencer la pièce : il se fit un grand silence. Philoménor m'entendit soupirer bien bas ces mots : O France! ô ma chère patrie! quel usage fait-on de tes arts! ne seraient-ils réservés que pour décorer les palais et les monumens de l'étranger (1) ou les magasins de tes artistes (2)? Le rideau avait disparu. Philoménor, immobile, craignait, pour ainsi dire, de respirer, dans la crainte de perdre un hémistiche de la pièce; mais je le vis plus d'une fois frapper du pied, et se courroucer, d'une manière très-sérieuse, contre ces éternels habitués dont le catarrhe inguérissable sert mieux que les sifflets, l'antipathie ou l'esprit

(1) En Pologne, en Allemagne, en Russie, aux États-Unis et ailleurs, nos plus habiles ouvriers ont fourni tous les meubles des différens châteaux, depuis les plus simples jusqu'aux plus recherchés.

(2) Voyez les galeries de Castiglione et les magasins des rues Vivienne et des Filles-Saint-Thomas.

de parti dont ils sont animés. Les deux pièces étaient finies, et le jeu parfait de nos grands acteurs tragiques ou comiques, qui presque tous avaient paru sur la scène, avait rempli le jeune Grec d'étonnement. « Vous avez pu vous convaincre, mon cher ami, lui dis-je, que les bons acteurs ne sont pas aussi rares au premier théâtre que voudraient le faire croire certains prôneurs du temps passé. Selon ces messieurs, les grands talens étaient alors si communs, qu'on avait sifflé jusqu'à Larive, Fleury et Mlle Raucourt, artistes devenus depuis l'objet de leur éternelle admiration et de leurs inconsolables regrets. Nous avons été à portée d'apprécier la valeur de ces touchantes élégies. Quand Talma, Lafont (1), Michelot, Firmin, Desmousseaux nous restent; quand nous avons Mmes Duchesnois, Paradol, Bourgoin, pour la tragédie; quand Damas, Armand, Cartigny, Faure, Baptiste, Monrose, Stoklet (2),

(1) Ne devrait-on pas casser certain réglement qui interdit à Lafont les rôles de premier comique, qu'il joue en perfection?

(2) Récemment exclus, il ne l'était pas alors.

Menjaud, Mmes Mars, Leverd, Demerson, Dupuis, Dupont, Hervey, brillent dans les salons de la comédie française; quand plusieurs de ces acteurs, de ces actrices, ont un égal succès dans les deux genres, doit-on crier que tout est perdu? quand enfin Mlle Mante apparaît subitement comme un météore qui doit un jour éclipser toutes ses rivales, on doit être parfaitement rassuré. Mais l'autorité ne devrait-elle point empêcher qu'on suivît à son égard le système d'Harpagon pour son cher trésor? MM. les sociétaires se contenteront-ils de la posséder comme une belle médaille nouvellement frappée, que l'on conserve dans un coffre-fort bien fermé, qu'on montre, suivant le caprice, aux curieux, mais qu'on ne met point en circulation? Afin de démentir complètement les lamentables et sinistres prédictions sur la ruine prochaine du premier théâtre, pourquoi ne pas adopter Bernard de Bruxelles, et Lagardère, Mmes Gros et Valmonzey, dont les débuts ont été si heureux? Pourquoi ne pas recevoir comme des enfans prodigues échappés de la maison paternelle, Saint-Eugène et Victor, qui marchent de triomphe en triomphe dans les pays étrangers et les départemens? Pourquoi ne pas rappeler Michot, dont le jeu rond et plein de franchise plaisait universellement, et qui n'a quitté la scène qu'au moment où il était en possession de la faveur publique? S'il joue à Rouen et ailleurs, qui l'empêche de jouer à Paris?

« Il est donc aisé d'apercevoir qu'avec des acteurs aussi transcendans et les recrues que je propose, on pourrait se consoler de la disparition d'artistes aussi justement célèbres, que le temps où l'amour de la retraite ont enlevés à nos plaisirs. » « Soit, pour le présent, reprit Philoménor; mais que deviendra votre premier théâtre, si vous ne songez pas plus à l'avenir? car enfin, malgré ce tribut d'éloges, très-mérité sans doute, au moins pour quelques sujets, permettez-moi de n'être pas entièrement de votre avis. Ne fût-ce qu'en raison de l'âge, il est malheureusement trop vrai que les rôles de jeunes premiers doivent être depuis long-temps vacans. On tomberait dans une grave erreur si l'on se figurait être éternellement propre à remplir le premier emploi, parce qu'on est parvenu à déclamer passablement des vers; et si l'on croyait qu'avec des traits ignobles ou communs, une taille grêle ou de portefaix, on doit exclusivement, et par droit d'ancienneté, représenter jusqu'à l'âge caduc, les marquis de Molière, les chevaliers à la mode et l'homme du jour. »

« Je vous comprends, lui répondis-je ; vous voulez qu'on se souvienne qu'il est indispensable d'avoir été favorisé d'autres dons que de celui d'un bel organe, et qu'il faut avoir reçu une figure régulière, mobile et piquante, les formes, l'aisance, les grâces de certains élégans du jour. Vous joignez sans doute encore à ces avantages une mémoire imperturbable et d'heureuses dispositions pour saisir au besoin tous les tons, tous les airs, toutes les nuances des différens caractères. Avec ces qualités réunies, je le prédis, un pareil sujet comblera tous les vœux ; il fera fureur ; on se disputera les loges pour l'entendre, ne fût-ce même que pour le voir : que dis-je? elles seront retenues un mois d'avance pour quelque nouvelle pièce ; la salle sera trop petite; elle ne pourra contenir les spectateurs, et surtout les spectatrices; on s'étouffera jusque dans les corridors. Mais ce merveilleux, cet incomparable acteur, éblouissant de jeunesse, de beauté et de talent, ce nouveau Molé, ce nouveau Talma, qui doit produire ce concours, cette affluence, où est-il? Quel heureux coin de la France le possède? serait-il introuvable dans une population de trente millions d'hommes? ou plutôt serait-il encore à naître? »

« Et pourtant, répliqua un des conteurs d'anecdotes, n'est-il pas souverainement ridicules de voir presque continuellement remplacer à ce théâtre les jeunes adolescens par des femmes travesties? » « Vous avez raison, repris-je; on met en réquisition des acteurs qui font prospérer un petit théâtre lyrique, pour les transplanter dans un spectacle où l'on ne chante point; je veux désigner Perlet. Certainement cet acteur prendrait avec plus d'avantage la route de Feydeau ou du Vaudeville, pour y faire valoir ses moyens comme musicien, qui ne lui seront presque d'aucun usage rue Richelieu. Pour une raison toute opposée, ne conviendrez-vous pas avec moi que Lemonnier, dont l'organe est si faible comme chanteur, mais dont la tenue dans certains rôles est si pleine de dignité, dont le physique est d'ailleurs très-agréable, ferait bien de postuler l'emploi de jeune premier au Théâtre-Français? Si ces transmigrations avaient lieu dans les grandes et petites académies de musique, lorsque les chanteurs et les cantatrices perdent leur voix sans cesser d'être des comédiens parfaits, que d'excellens acteurs ne conserverait-on pas à l'art dramatique! D'ici à longues années, Dérivis, Nourrit, Martin et Huet, Lepeintre et Tiercelin, Emile et Potier, et cent autres, ne parleraient de retraite absolue; ils passeraient seulement, pour ainsi dire, d'un trône à l'autre, et le temps seul les avertirait de léguer aux élèves qu'ils auraient formés, le sceptre de leur génie. »

Tout en faisant ces réflexions, nous allâmes respirer au foyer, où mon ami se complaisait à graver dans sa mémoire les fidèles images des auteurs dramatiques que la France a produits. « Les bustes de tant de grands hommes, lui dis-je, qui ont enrichi MM. les comédiens du Roi, doivent bien exiger chaque année les soins qu'on leur a dernièrement prodigués, et dont ils avaient tant besoin. D'autres, tels que La Fontaine et Quinault, mériteraient bien que la pierre fût métamorphosée en marbre. »

« Pourquoi, me dit Philoménor, ne trouvai-je pas dans ces salons les portraits des Lekain et des Dumenil, des Larive et des Clairon, des Préville et des Contat, des Raucourt et des Saint-Prix? quelle juste récompense pour ces acteurs! quel encouragement pour ceux qui leur ont succédé, quelle jouissance pour les étrangers et tous ceux qui ne les ont connus que par tradition! Une pareille galerie serait précieuse, si les portraits en étaient peints par les Robert Lefebvre, les Prud'hon, les Gérard et les Kinson. Un pareil usage, que nous avons déjà vu dans certains grands établissemens, tels qu'à l'Ecole de Médecine, l'Académie (1) et malheureusement un peu trop tard à Feydeau, produirait mille heureux effets, s'il était suivi par tous les grands et petits théâtres, au moins pour les talens renommés. »

En nous quittant, nous formâmes le projet

(1) Il ne devrait point, ce me semble, y avoir une seule grande institution où cette récompense ne fût décernée à ceux qui ont bien mérité de la patrie. En cela, je crois servir la postérité.

d'entendre successivement *Régulus* si fortement écrit, les beaux vers et les scènes si touchantes de *Clytemnestre*, sans oublier *Sylla*. « Attendez-vous à être encore vivement ému, dis-je à mon Grec. Le caractère de ce farouche dictateur est neuf au théâtre : Talma, il faut l'avouer, y développe un talent unique ; vous verrez s'il n'y rend pas inimitablement la sombre profondeur d'un politique consommé dans les forfaits, et blasé sur les assassinats. Ce portrait, si ressemblant, serait intolérable si l'auteur n'en avait pas affaibli l'horrible teinte par des sentimens dignes de toute la fierté, de toute la grandeur d'une âme véritablement romaine. Cette pièce, comme celle de *Clytemnestre* est sans amour. Outre le mérite du style, des coups de théâtre multipliés captivent l'attention et soutiennent l'intérêt jusqu'au dénouement le plus inattendu. Indépendamment d'autres motifs, telle est je crois, la raison du prodigieux succès de cette tragédie. »

CHAPITRE XXXI.

Filles publiques du Palais-Royal, des boulevards de Gand et des Variétés.

La soirée était belle ; je proposai à mon ami de faire un tour de promenade dans le jardin du Palais-Royal, qui n'était pas encore fermé. A peine y étions nous descendus que mon Grec fut accosté par une jeune demoiselle, qui, malgré ses petites grâces, ses minauderies, la douceur ou la licence de ses propos et tout l'attirail de sa parure, eut le chagrin de se voir très-froidement rebutée. Tel était l'empire de la vertu sur Philoménor; le vice, à ses yeux, enlaidissait même jusqu'à la beauté et lui faisait perdre ses attraits. Ce jeune homme, ordinairement si touché des charmes de l'innocence et de la candeur, si profondément ému de tout ce qui était véritablement beau, éprouvait une répugnance invincible pour ces femmes avilies qui chaque jour se livrent sans choix au plus honteux des trafics. Il dédaignait d'ailleurs des plaisirs payés, et voulait être aimé, non pour sa bourse, mais pour lui-même; et comme nous le verrons, il eut au moins une fois en France ce rare bonheur.

« Je ne puis revenir, me disait-il, de la hardiesse de ces femmes, de la grossièreté de leurs avances, sous des vêtemens qui sembleraient annoncer la réserve et la retenue ». « Elles sont effectivement plus décentes dans leur mise qu'elles ne l'étaient autrefois, repris-je; avant et depuis la révolution, elles se promenaient presque demi-nues. On les voyait prendre les costumes de toutes les nations, et principalement de quelques provinces de France; Provençales et Cauchoises, Alsaciennes et Gasconnes; Mauresques et Négresses, s'y trouvaient réunies; pour plaire, elles usurpaient même l'habit de notre sexe. Présentement cette espèce de saturnale n'est guère tolérée que pendant le carnaval. En 1814, les vieilles kadunes surintendantes des sérails qui nous entourent, décidèrent, dans leur haute sagesse, qu'il fallait se hâter de profiter d'une circonstance extraordinaire, et user d'un moyen de succès inventé jadis par la coquetterie (1), mais depuis long-temps abandonné.

Pendant quelques mois, on ne rencontrait plus que des toques à l'anglaise, des plumes de coq à la prussienne, et des coiffures russes ou tartares. Frais à demi perdus! ce petit stratagème réussit peu; souvent, en se promenant, on entendit ces mères abbesses se plaindre hautement en public de la parcimonieuse libéralité de ces étrangers, qu'elles avaient regardés comme des mines d'or inépuisables. Je vous ferai encore observer que le nombre des filles a diminué dans ce palais, au moins en apparence : la dernière classe, le rebut de ces maisons de débauche circule et se répand le soir dans les galeries de bois et le passage vitré : les plus élégantes semblent s'être adjugé exclusivement les allées du jardin et la galerie dite des *Bons-Enfans*. Le partage ainsi fait, les galeries de la Rotonde et du café de Foy semblent leur être interdites; au moins, on n'y en voit point. En été, d'autres occupent les boulevards de Gand et des

(1) Elisabeth, reine d'Angleterre, l'employait souvent. *Voyez* tous les historiens anglais.

Variétés; elles y attaquent peu, excepté dans les lieux sombres et ombragés. Leur isolement affecté, leur coup d'œil, leur allure inquiète et précipitée, la bonne ou la duègne qui les accompagne, sont les indices qui les affichent suffisamment; car elles n'y paraissent aujourd'hui qu'avec la mise des femmes de bien et d'une haute vertu. La police, qui, je le présume, exige et prescrit ce grave maintien et cette pruderie très-louable, la police, dis-je, qui a d'ailleurs les yeux très-éveillés sur leur conduite, ne ferait peut-être pas mal de rendre cette mesure plus générale dans d'autres quartiers, où tant de jeunes enfans sans expérience sont le soir exposés à tous les genres de séduction.

CHAPITRE XXXII.

Catacombes. — Grotte sacrée. — Cimetière du Père Lachaise. — Abus révoltant. — Constructions nécessaires. — Plantations etréparations convenables. — Fête funèbre. — Anecdote. — Pièce de vers.

A son réveil, je trouvai le jeune Grec en proie aux plus tristes pensées, qu'un temps sombre et nébuleux rembrunissait encore. Son âme sensible avait été flétrie par l'impression profonde que lui avait fait éprouver la représentation d'*Hamlet*. Souvent notre propre situation nous identifie avec les personnages de la scène. Les souvenirs d'un père chéri, d'un père dont il s'était éloigné, et dont plus de cinq cents lieues le séparaient, avaient troublé son sommeil. « Non, mon cher ami, me dit-il, non, ne cherchez point à me distraire. La mélancolie a pour moi des charmes : aujourd'hui, pour un cœur tel que le mien, c'est un sentiment délicieux. »

« Eh bien! repris-je aussitôt, n'éloignons

pas des idées où votre âme semble se complaire. Je n'ai point cette froide insensibilité, cette apathique indifférence qui ne sait point compâtir aux peines de l'amitié. Ne détruisons point, mon cher Philoménor, le prestige d'une jouissance qui semble avoir tant d'attraits pour vous. Je veux même entretenir, par des images plus fortes, des sensations que je partage. » « Je suis sensible, me dit mon Grec en me serrant la main, et en fixant sur moi des regards attendris, je suis sensible à cette preuve touchante de votre amitié. Dans mon voyage en Italie, je m'en souviens, je me trouvai dans une situation d'esprit à peu près semblable. J'étais à Rome ; je me fis conduire dans ces profonds souterrains (1) où la charité chrétienne cacha, pendant une affreuse per-

(1) Les catacombes de Saint-Sébastien sont hors des murs de Rome ; elles ont environ dix milles d'étendue. D'après une sainte tradition, plus de soixante-dix mille chrétiens y ont été enterrés ; souvent, surtout au printemps, les voyageurs aussi curieux qu'imprudens qui les visitent, y sont punis de leur témérité. Le 28 décembre 1810, plusieurs étrangers qui s'y étaient fait introduire, furent ensevelis sous des éboulemens de terre, sans qu'on ait pu les rappeler à la

sécution, les corps sanglans des premiers martyrs du Christ; je me plaisais à errer sous les parois ténébreuses de cet immense tombeau. Non, jamais les pyramides sépulcrales de l'Égypte ne m'ont causé une impression plus profonde. A chaque pas, à chaque détour, je croyais voir les grandes ombres de ces héros magnanimes qui semblaient me rappeler toutes leurs vertus. Mon ami, vous ne me refuserez pas : partons, conduisez-moi aux catacombes de Paris. » « Ah! n'exigez pas de ma complaisance, mon cher Philoménor, repliquai-je aussitôt, que je descende avec vous dans ces souterrains funèbres, où, depuis trente années, nous avons déposé les restes de nos pères. Eh! qu'y verriez vous? des sentiers vastes, sablonneux, quelquefois humectés par de faibles ruisseaux; et ces sentiers vous conduiraient, sous des voûtes retentissantes, à quelques autels expiatoires qu'éleva la religion et qu'entretient la piété. Hélas! sans les inscriptions consolantes des poètes sacrés et pro-

vie. Ces détails m'ont été communiqués de vive-voix par un voyageur très-digne de foi.

(*Note de l'auteur.*)

fanes, qu'une main bienfaisante grava sur les énormes piliers qui soutiennent ce temple de la mort, tout attesterait dans ces lieux l'empire du néant et l'absence de la vie. La pâle lueur des flambeaux qui servent de guide aux voyageurs ne s'y réfléchit que sur des murailles d'ossemens humains (1), tristes débris des générations de vingt siècles. Vous, mon cher Philoménor, dont l'âme est si pure, et si ennemie des sales voluptés, vous n'avez pas besoin de contempler les effets corrosifs des plaisirs effrénés, et des plus horribles infirmités qui puissent torturer l'espèce humaine. Apprenez donc, mon cher ami, que dans un antre secret, la morale tient sans cesse école ouverte, et qu'elle donne ici les leçons les plus pathétiques.

« Non, vous n'irez point comme moi frissonner d'horreur à la vue de ce voile sombre, dont je n'ai approché qu'avec un saint respect, voile sacré qui, tendu devant l'ouverture d'une grotte ensanglantée, cache et dérobe aux yeux les innombrables victimes des boucheries de septembre 1792; les victimes de cette révolution

(1) Ces ossemens y sont symétriquement rangés, et y forment la plus affreuse mosaïque.

dont le poignard n'épargna ni la dignité des grandeurs, ni les trésors du savoir, ni les grâces de la jeunesse, ni les attraits de la beauté, ni la candeur de l'enfance, ni la majesté de la vieillesse, ni la simplicité de l'innocence, et pour qui ces priviléges mêmes de la nature furent de nouveaux titres à ses coups. Cependant, mon ami, que demandaient les provinces en 1789? la réforme de quelques abus, le paiement de la dette publique, la suppression de l'arbitraire, et la monarchie consolidée par des lois stables et justes pour tous. Oh! comme la plupart de nos commettans furent infidèles à leurs mandats! comme ils trompèrent nos vœux et nos espérances! Le déficit ne fut point comblé. De nouvelles, d'innombrables déprédations ruinèrent nos finances; la chute des antiques institutions entraîna celle du trône : à l'ordre succéda l'anarchie. La république naquit; son règne fut cimenté par des torrens de sang. Pour nous, spectateurs impuissans, persécutés, proscrits, nous vîmes nos fortunes séquestrées, nos monumens s'écrouler, nos arts disparaître, nos lumières s'éteindre, nos richesses en tout genre s'engloutir au milieu de la disette, de la famine et des massacres. Dans ces temps d'extermination, un orateur l'a dit, « le bonheur n'était nulle part » j'ajouterai pas même chez les bourreaux, car le bonheur n'habite pas sous le même toit que les remords. Les camps seuls étaient devenus l'asile de la gloire, et pas toujours de la sûreté personnelle; et le même courrier qui annonçait la victoire de tel général, annonçait souvent le supplice de ses proches. Pour surcroît à tant de maux divers, nous eûmes vingt-cinq années de combats, dont il ne reste aucun fruit; et nous subîmes deux invasions étrangères, source intarissable de tant de larmes, de tant de privations, de tant de calamités, qui ont fini par mettre pour ainsi dire la France sous le scalpel de l'Europe. Cessons de vous entretenir des causes et des effets d'une révolution qui précipita dans le gouffre des catacombes les restes palpitans de milliers d'infortunés. Fuyons, mon cher Philoménor, fuyons des lieux qui nous rappelleraient plus vivement tant d'horreurs. Mais si les artisans de ces catastrophes épouvantables respirent encore l'air d'une patrie dont ils ont déchiré le sein, eux seuls, mon ami, doivent descendre dans ces cavernes sombres. Ah! puissent leurs remords et leur désespoir, puissent les soupirs et les pleurs d'un repentir tardif, apaiser d'augustes mânes; et surtout une Providence suprême et terrible, qui semble quelquefois sommeiller, mais qui, tôt ou tard, inexorable, attend et saisit le criminel, parce que la garantie de son impérissable justice est dans son éternité.

« Sans vous ensevelir tout vivant, mon cher Grec, dans les entrailles de la terre, suivez-moi plutôt dans un lieu où tout vous inspirera des idées tristes, mais qui ne révolteront pas au moins toutes les facultés de votre âme. Allons dans ce lieu d'un repos éternel, dans cette solitude paisible, jadis l'humble maison de plaisance du confident (1) de l'un de nos plus grands rois (2), et là nous rêverons ensemble. »

Philoménor y consentit; après une course longue, monotone, à travers des rues désertes, nous découvrîmes enfin cet amphithéâtre des trophées de la mort, où tous les âges, tous les rangs, toutes les conditions sont

(1) Le Père Lachaise.

(2) Louis XIV.

confondus, anéantis; où la pyramide du maréchal de France s'élève fastueusement à côté de l'urne modeste de l'homme de lettres; où la statue consacrée par des enfans pieux à la mémoire d'une mère chérie, se rencontre tout près du bas-relief ciselé par la main de l'Amour, qui semble sans cesse l'arroser de ses pleurs; où les vertus et les talens sont seuls immortalisés par les soupirs de la reconnaissance, et les regrets inspirés par le respect et l'admiration. »

Déjà nous avions franchi le seuil redoutable. Déjà nous étions dans l'asile des tombeaux, dont une pluie avait rendu les abords très-difficiles. « Dans quel abîme m'avez-vous conduit? s'écria mon jeune Grec, dont la chute subite et peu dangereuse m'avait d'abord alarmé. On devrait bien consolider et paver plus soigneusement l'entrée de cette fatale enceinte; peut-être, ajouta-t-il, n'a-t-on pas les fonds nécessaires? » « Que dites-vous? repris-je aussitôt. Ici l'intérêt vend au poids de l'or la poussière des sépulcres. L'avarice y a placé ses ateliers et ses comptoirs. Les coups redoublés du marteau et les cris aigus de la scie y déchirent votre oreille, y troublent le silence des mausolées, y interrompent les prières de la piété, et semblent y insulter aux gémissemens des malheureux. Aurait-on oublié ce vers du plus célèbre de nos poètes modernes :

Malheur à qui des morts profane la poussière ! (1)

Un ordre supérieur et formel avait, si je me le rappelle, éloigné ces sacriléges établissemens. Pourquoi ce réglement est-il enfreint ? on y a construit une chapelle : que la maison des ministres saints qui seront employés à la desservir, aurait bien une couleur locale, si elle eût pris les formes d'un antique monastère. Et, malheureusement, les matériaux, je veux dire les ruines, ne manqueraient pas. Où seraient mieux placés de pieux ermites ? quel téméraire oserait ici insulter à leur barbe vénérable et à leur robe de bure ? quelle sensation n'éprouverait-on pas en apercevant ces solitaires errer comme des ombres au milieu des tombeaux ! en les considérant implorer l'éternelle miséricorde pour ceux qui ne sont plus ! en

(1) Méditations poétiques de M. de Lamartine. (Méditation dix-huitième.)

entendant les sons religieux de la cloche argentine retentir au milieu de ces bois sauvages, de ces bois qu'on ne peut trop multiplier par de nouvelles plantations, pour masquer les longues murailles de cette nouvelle vallée de Josaphat, qui semblerait alors n'avoir d'autre terme que les seules barrières opposées par la nature! »

« J'admire, reprit Philoménor, j'admire ce site pittoresque disposé comme exprès par la nature pour son triste emploi; mais, chose étonnante! je cherche sur cette colline des sentiers doucement sinueux, des gazons frais, des arbustes vigoureux qui me rappellent à la pensée consolante de l'immortalité, et qui semblent me dire : *Tout n'est pas mort ici;* et, faute de soins assidus et journaliers, je n'y rencontre qu'une végétation affaiblie, que quelques touffes d'herbe, souvent desséchées, sur une terre jaunâtre et aride. A chaque pas, mon œil est attristé par des arbres presque toujours aussi dépourvus de vie que les froides reliques qu'ils étaient destinés à couvrir de leur ombrage. Enfin, si je veux payer un juste tribut d'hommages à ces illustres ou touchantes victimes du sort, je ne puis quelquefois parvenir près d'elle, sans courir quelques dangers, tant les chemins y sont raboteux, inclinés, coupés de ravins et mal entretenus (1). Du reste, pas une seule fontaine apparente pour les cérémonies expiatoires : pas un filet d'eau où le saule, ami des pleurs, puisse baigner ses rameaux mélancoliques. Quel est donc le gouffre où vont s'engloutir les trésors accumulés par le trépas? Que les impôts levés sur la douleur, sur l'amitié, sur la reconnaissance, seraient bien employés s'ils servaient *uniquement* à la conservation à l'entretien, à l'embellissement de ce lieu aussi fréquenté par les vivans que par les morts! »

« Abus déplorable! repris-je, mon cher ami, abus criant! je dirais presque sacrilège! les morts n'ont pas ici un asile incommutable. Ils n'y sont que pour un temps limité, si leurs héritiers n'ont pas acheté pour eux le droit d'y reposer éternellement. »

Philoménor gémissait, lorsqu'au milieu de

(1) Ce qui n'arriverait pas si, une fois tracés par la main d'un habile architecte, ces chemins étaient soutenus par les racines des haies et des arbustes, qui, non-seulement empêcheraient les terres de s'écrouler, mais seraient encore un très-lucratif embellissement.

ces tombeaux épars ou pressés les uns contre les autres, et que séparaient à peine quelques cyprès, nous remarquâmes, presqu'au sommet de la colline, un jeune homme d'une figure très-agréable; mais qui nous parut absorbé dans la plus sombre tristesse; sa tête était nue et penchée; ses habits simples et en désordre; il contemplait un petit espace de terre où commençait à naître un peu de verdure, défendue par une balustrade. A peine reconnut-il une inscription gravée sur la croix noire qui dominait l'extrémité du tertre, que nous le vîmes s'incliner, tomber à genoux, se prosterner et prier avec ferveur. Tantôt il levait au ciel, en soupirant, ses yeux mouillés de larmes; tantôt il tendait les bras vers la croix, comme s'il eût voulu serrer contre son cœur l'ami, le tendre ami dont un cruel trépas l'avait privé; tout-à-coup, il se lève précipitamment, cache furtivement un médaillon qu'il tenait à sa main, et se perd dans les massifs d'arbustes touffus d'où nous entendîmes quelques sons lugubres et mal articulés, qui ressemblaient aux accens d'un profond désespoir.

Ce spectacle inattendu, avait singulièrement piqué notre curiosité. Nous approchâmes de plus près, et nous lûmes distinctement sur le bois de la croix : *Sicard.* Dès-lors l'énigme était expliquée. Le jeune homme que nous avions surpris, était un sourd-muet qui venait payer à son digne instituteur le tribut de ses regrets et de sa piété filiale. « Quoi! me dit Philoménor, vivement ému de cette scène romantique, quoi! des hommes dont la mémoire obscure les a devancés dans le cercueil, des hommes dont la vie ne fut ni sans tache ni sans reproche, ont ici de fastueux mausolées! et le bienfaiteur de l'humanité, celui qui fut le second père d'enfans déshérités par la nature de ses dons les plus communs, celui qui, par des moyens nouveaux, découvrit à ses élèves des organes inconnus à la pensée, n'a pas même une pierre tumulaire, une pierre brute, qui transmette à la postérité le souvenir de ses talens, de ses bienfaits et de ses vertus! Oh! que ne puis-je recréer ici, pour la gloire de ce véritable grand homme, le prodige de la statue de Memnon! Que ne puis-je, aux premiers rayons de chaque aurore, faire redire à l'airain retentissant de son immortelle statue : *Ici repose Sicard, dont l'art presque divin fit entendre les sourds et parler les muets.* J'aime à le croire, ajouta, mon Grec, votre gouvernement, juste appréciateur du vrai mérite, acquittera sans doute un jour la dette de la patrie et même de l'univers, en élevant une statue à cet excellent citoyen. »

Cependant nous étions descendus de la colline; Philoménor resserrait ses tablettes, sur lesquelles il avait copié les épitaphes les plus saillantes qu'il avait remarquées. « Comment laisse-t-on sans abri, s'écria-t-il, le seul monument gothique qui it été transféré dans cette enceinte ? La délicate architecture des tourelles funèbres du tombeau d'Héloïse et d'Abeilard résistera-t-elle à l'intempérie de votre climat rigoureux? » Tant d'édifices plus remarquables dépérissent ailleurs, faute de soins, que je sentis ma réponse expirer sur mes lèvres; et mon ami put lire dans mes yeux combien nos sentimens étaient en parfaite harmonie. Après quelques momens de silence : « J'aurais voulu, lui dis-je, que le hasard ou la curiosité vous eussent conduit ici *le jour des morts*, dans ce jour que la religion consacre aux regrets et aux vœux que nous formons pour nos proches, nos amis, qui nous furent si chers, pour ces amis, qu'hélas! nous ne reverrons jamais: où plutôt que nous retrouverons sans doute dans ce moment terrible, où secouant ce manteau d'argile qui les enveloppe, nos âmes s'élanceront dans le sein de l'éternité, non comme Elie sur un char de feu, mais sur l'aile rapide de nos vertus! daignez excuser des expressions qui sortent du langage ordinaire, et qui semblent appartenir à la poésie : il ne m'est pas permis de parler d'aussi grands intérêts, sans l'enthousiasme de l'espérance. O mon cher Philoménor, comme votre cœur eût été vivement ému, si comme moi, vous eussiez été témoin de la touchante sensibilité des bons habitans de Paris! vous les eussiez vus arriver en foule, se disperser et chercher les endroits où gisent les restes mortels de leurs constantes affections : vous les eussiez vus ces Parisiens que l'on dit si légers, profondément recueillis auprès du marbre, dernier dépositaire des expressions de leur tendresse. Vous les eussiez contemplé embrassant ici la colonne funéraire; là ceignant de couronnes de roses et d'immortelles des urnes chéries. Dans cet enclos environné de cyprès, vous eussiez aperçu des enfans groupés en cercle autour du tombeau d'un père, d'une mère adorée; vous les eussiez entendu se rappeler avec ivresse le peu d'instans qu'ils passèrent avec eux, et retracer les soins et les bienfaits dont ils furent comblés. Vous les eussiez enfin entendu gémir sur l'instabilité d'un bonheur si court. Je m'arrête, mon cher grec; j'en ai dit assez sur cette lugubre cérémonie. »

« Par un contraste singulier, je vous conterai une anecdote bien différente, et qui m'est personnelle. Il y a peu de temps, une dame, née précisément le 2 novembre, voulut d'après les usages anglais, dont elle était éprise, célébrer l'anniversaire de sa naissance par un bal et un concert; de plus elle exigea de ma part une pièce de vers sur la fête qu'elle devait donner à ce sujet. Vainement j'essayai de la guérir de son engouement pour les usages britaniques; vainement je lui représentai toutes les difficultés de l'espèce de thème quelle m'avait imposé. Ses volontés furent pour moi des ordres; comment en effet refuser une jeune beauté dont l'empire était fondé sur les vertus, les talens et les plus séduisans attraits. Je lui adressai donc ces vers que ma mémoire n'a pas oubliés :

Ah combien j'ai senti la fatale influence
De l'astre malfaisant dont les lugubres feux,
Ont éclairé votre heureuse naissance ;
Et j'en atteste ici le pouvoir de vos yeux.
Vos yeux..... [illegible] des tyrans, adorable Silvie,
Où, plus d'un tendre ami croit lire son destin,
Qu'au soir, un mot fit naître et périr au matin.
Vos yeux ont-ils souri ? je prends nouvelle vie :
Si leur sévérité vient glacer mes transports,
Et détruire à jamais l'illusion chérie ;
C'en est fait : j'ai vécu ; je touche aux sombres bords.

CHAPITRE XXXIII.

Place Royale. — Fossés de la Bastille. — Greniers d'abondance. — Leur incontestable utilité.

Nous avions broyé assez de noir presque dès l'aurore; sortis de ce redoutable élysée où tant d'images funèbres avaient épuisé notre sensibilité, nos yeux se reposèrent plus doucement sur le riche spectacle que nous offrait la nature. Les vapeurs du matin fuyaient à l'horizon; l'air moins frais se pénétrait des feux du soleil; ses rayons qui se jouaient à travers les nuages, teignaient de pourpre et d'azur la rosée transparente qui couvrait les arbres, les buissons et jusqu'à la moindre fleur des nombreux vergers qui de temps à autre bordaient la route que nous suivions : Dieu! avec quelle reconnaissance nous saisissions le moindre bienfait du grand Etre! avec quel sentiment de bonheur nos oreilles entendaient le chant des oiseaux et le bourdonnement des abeilles. Insensiblement ce tableau vivant et champêtre rendit nos méditations moins sombres; tout nous promettait un beau jour, et je proposai à Philoménor de se rendre au jardin des plantes. Comme nous traversions la place royale, « espérons, lui dis-je, que sa tenue négligée disparaîtra lorsque la statue du noble fils d'Henri IV y sera replacée, et que vous ne serez plus offusqué par l'aspect de ces échopes roulantes (1), de ces décombres et de cette étrange malpropreté. Cette place enfin, redeviendra ce quelle était jadis, un jardin dont les gazons et les autres ornemens seront respectés. »

Nous n'étions qu'à une petite distance des ruines de la bastille, Philoménor m'interrompit : « Comment avez-vous pu, me dit-il, laisser depuis trente ans, les débris de cette forteresse épars çà et là sur les places d'alentour et dans les fossés fangeux qui l'environnaient, au moins des voyageurs dignes de

(1) Quel mauvais effet ne produit pas cette hideuse guérite sur roulettes, que l'on appelle cabinet de lecture. La véritable place d'un établissement de ce genre n'est-elle pas trouvée sous les galeries du pourtour de la place.

foi, et le Cicerone que j'ai lu ne m'ont point appris que vous ayez tiré parti de ces marécages si notoirement insalubres pour ce quartier de Paris. Pourquoi n'avez-vous pas comblé et affermi chaque année ces terrains vagues que vous eussiez rendus à la culture? Quoiqu'étranger, je ne l'ignore pas ; cette opération a déjà été plus d'une fois pratiquée très-heureusement aux environs de la capitale, et la belle fontaine que l'on construit tout auprès, vous eut donné les moyens de rendre ce lieu plus sain; rien ne vous eut empêché de conduire et de faire se précipiter en cascade une partie de ses eaux, et de féconder par un ruisseau, ces terres vierges que vos soins auraient rendues productives. Quelle inconcevable incurie! » « Calmez-vous, lui dis-je, mon cher Grec; sans le plaisir que je ressens, en voyant le vif intérêt que vous prenez à mon pays, je vous aurais arrêté plutôt dans le cours de vos censures. Vos projets eussent été excellens à suivre si l'on n'en eût pas adopté de meilleurs : approchons et vous serez convaincu qu'on a même été au delà de vos voeux. Considerez ces travaux immenses, ces voûtes profondes sous lesquelles resserées dans un large canal, les eaux de l'Ourque couleront bientôt en abondance, en apportant au centre de Paris toutes les provisions nécessaires à sa consommation. Quelle vie nouvelle donneront à ce quartier, ces bateaux, ces galiotes, ces vaisseaux, ces bois flottés, ces mariniers, ces pêcheurs! » « Fort bien, reprit Philoménor; mais je voudrais qu'on construisit des quais dans les lieux les plus commodes et les plus accessibles, et que dans les endroits plus escarpés, on disposât les bords du canal en coteaux, en pentes douces où serpenteraient des sentiers ombragés par des arbustes odoriferans qui, en obéissant au moindre souffle, tiendraient l'atmosphère dans une perpétuelle action. Ces plantations aussi agréables que salutaires, acheveraient de purifier ces bas fonds, qui maintenant, je vous l'avoue, paraissent si dangereux et si infects. »

En nous détournant un peu du but de notre voyage, les greniers d'abondance fixèrent notre attention.

« Nous avons, mon cher Philoménor, profité de la sagesse des siècles passés. Les rudes épreuves où l'inclémence du ciel et la perversité humaine avaient réduit la France, nous en ont fait la loi. Comme autrefois en Egypte, on a pris de sages mesures pour contrebalancer ces divers fléaux. Peut-être ces greniers ne sont-ils pas assez multipliés, à moins qu'il ne soit bien constaté par de nouvelles expériences que les céréales se conservent mieux et plus intacts dans les magasins creusés sous terre que dans ces vastes bâtimens élevés à tant de frais sur le sol, et que sans aucun soin, sans aucune manipulation, les grains y soient préservés des insectes et autres ennemis plus malfaisans et plus consommateurs; l'humanité entière doit rendre grâces aux auteurs d'une découverte aussi précieuse qui, sous un gouvernement prévoyant et paternel, doit rendre la famine impossible. Une politique bien entendue doit, ce me semble, conseiller d'établir d'autres magasins (1) à Paris, et surtout dans les départemens où des cantons immenses couverts de riches pâturages, ne rapportent pas un épi.

(1) A moins qu'on ne préfère élever d'un ou deux étages ceux qui existent, comme le projet en avait été arrêté dans le principe.

« Utile accapareur du superflu des récoltes, dans les années fertiles et abondantes, le pouvoir royal, par un juste équilibre dans le prix des subsistances, devient maître absolu des destinées du pays, assure à jamais la paix intérieure, et tient d'avance en bride toutes les factions, si jamais, comme dans les temps d'affreuse mémoire, elles voulaient se servir de cette arme à deux tranchans, pour saper l'autorité légitime ».

Nous passions sur le pont autrefois appelé d'Austerlitz dont les arches en fer ne peuvent être trop admirées pour la hardiesse et la solidité de la construction, Philomenor s'étant apperçu que j'avais payé la rétribution d'usage me dit « puisque vous empruntez si souvent aux étrangers des découvertes utiles, vous devriez bien ne pas négliger de placer, à l'entrée des ponts où vous exigez un péage, ce mécanisme ingénieux que j'ai vu inventer en Angleterre pour le pont de Waterloo. Ce mécanisme indique de la manière la plus précise aux actionnaires, le nombre des personnes, qui ont passé et la somme dont le percepteur est redevable. » « Je connais ce moyen aussi sur qu'écomique répondis-je ;

ce sont les expressions d'un voyageur célébre qui a pleinement sur ce point satisfait notre curiosité; non seulement cette machine (1) empêche la fraude, mais la ferait découvrir si le percepteur était assez imbécille pour s'en rendre coupable.

(1) « Deux tourniquets placés l'un à côté de l'autre, sont les seuls moyens d'entrée et de sortie. Celui destiné à la sortie cède au moindre effort; mais si l'on veut s'en servir pour entrer il oppose une résistance invincible, et l'on est obligé de revenir à celui qui en est voisin; celui-ci oppose une résistance semblable. Mais le préposé en recevant le tribut dû à César, touche du pied un ressort qui fait faire au tourniquet seulement un quart de conversion, et qui livre passage au piéton : ce mouvement fait descendre d'un cran un ressort intérieur, et le nombre des crans dont il est descendu fait connaître à la fin de la journée celui des personnes qui ont passé, et la somme dont le percepteur est comptable, dont il faut quelquefois dire..... *Sed quis custodiet ipsos custodes?* »

Six mois à Londres, page 118.

CHAPITRE XXXIV.

Jardin royal des plantes. — Lacune remarquable. — Projet utile à la botanique. — Serpent à sonnettes. — Anecdote.

En finissant ces mots: nous pénétrâmes dans ce jardin où sont réunies toutes les merveilles de la création, dans cette admirable enceinte où se trouvent presque tous les genres d'animaux vivans, toutes les espèces de végétaux connus; où l'art expérimental de les disposer soit pour la clôture ou l'embélissement des parcs est démontré par des modèles les plus variés; où des nouvelles expériences ont multiplié les miracles de la greffe et du mélange des séves, ainsi que les brillantes merveilles opérées par le mariage des fleurs et par des semis persévérans et nombreux, d'après l'ingénieux Desfontaines. J'avais fait remarquer à mon ami, que sans pendule artificielle, plusieurs fleurs pouvaient servir de cadran et même de baromètre. Nous crumes cependant appercevoir une lacune dans ces différentes collections, qui, si elle était remplie, présenterait un grand intérêt pour la science. Je ne sache pas qu'il existe, dans ce vaste palais de la nature, un musée public pour les graines des végétaux, qui existent dans tous les pays de la terre. Je n'ai pas besoin d'en démontrer l'utilité; elle doit être facilement sentie. Si l'on y examine avec tant de plaisir les progrès de l'arbre le plus majestueux et de la moindre fleur, si l'on y épie avec un intérêt si marqué le travail du grand être, depuis l'embryon et l'œuf, jusqu'au développement parfait des forces vitales, depuis la formation de l'or vierge et du diamant brut, jusqu'à l'instant où débarassé par l'art de ses parties hétérogènes, il acquiert le plus admirable poli et l'éclat le plus radieux, n'est-il pas nécessaire aussi d'apprendre a connaître les formes, la couleur, les variétés, l'emploi des graines de plantes innombrables, abstraction faite de leur état de germination, de croissance et de culture, et l'on suivrait, pour le classement, le système de Linné ou de Jussieu ».

« Je ferais encore une autre innovation;

quoi! la cire modélée en cent façons, nous réprésente ici, comme au cabinet de l'école de Médécine, le corps humain dans les différentes phases de santé ou de maladie; il nous sembleroit aussi important d'offrir au public par le même procédé, dans des salles préparées exprès, l'imitation des principaux végétaux connus, les différentes métamorphoses que subit la plante, le germe perçant son enveloppe la naissance du bourgeon, le déployement des feuilles, le bouton de la fleur, son épanouissement, la formation, la maturité, et la décomposition du fruit.

Il ne faudrait pas même oublier de rendre scrupuleusement l'écorce du rameau souvent lisse, unie, marquetée ou couvertes d'aspérités et d'épines.

Ce plan n'est point chimérique; plusieurs voyagèurs dans l'Inde l'attesteront comme moi: il a déjà reçu son exécution complète, au moins pour les arbres, arbrisseaux, arbustes, et plantes de l'île de France, de cette île chantée par le célébre Bernardin-de-St.-Pierre. L'ingénieux auteur de cette invention pittoresque dont j'ai vu quelques échantillons, est un français, et doit sous peu enrichir sa patrie des richesses que nous devrons aux recherches les plus opiniâtres et au travail le plus assidu. »

Nous avions examiné avec le plus grand soin les trois règnes de la nature morte et vivante, et ses imitations les plus parfaites, soit en dedans soit au dehors, dans les enclos, dans les serres et dans les différentes salles de cet immense établissement. « Il y a quelques années, dis-je à mon ami, un étranger récemment arrivé à Paris, eut lieu de se repentir de son excessive confiance, et surtout d'avoir cédé ici au premier mouvement d'une curiosité très-excusable. Au moment où, comme nous, il étudiait les différentes parties de l'histoire naturelle, dans les longues galeries de ce musée, un inconnu, dont la mise, la tournure, le langage, les formes polies annonçaient l'éducation la plus soignée, s'approche, lui adresse la parole, et entame une conversation très-savante, sur les curiosités rassemblées dans ce lieu. Vous trouvez, Monsieur, disait-il au nouveau débarqué, vous trouvez donc cette collection admirable? Eh bien! le croiriez-vous? des objets trèsintéressans y manquent, et entre autres, le serpent à sonnettes. En effet, reprit le provincial, je l'ai cherché long-temps sans avoir réussi à l'apercevoir; pourtant, je connais parfaitement ce reptile assez commun dans les bois de la Louisiane, et je me rappelle en avoir lu plusieurs fois la description dans les mémoires des plus célèbres voyageurs. « Malheur à celui qui en est piqué : d'abord la douleur se fait peu sentir, en quelques secondes une enflure accompagnée d'élancemens, se développe autour du membre blessé, gagne bientôt par tout le corps, et souvent au bout de quelques minutes, l'homme ou l'animal n'existent plus; aussi tous les animaux craignent le serpent de cette espèce, dont la présence est attestée par le bruit de ses grelots qui se font entendre, dit-on, à plus de soixante pas et par une odeur cadavereuse » (1). Monsieur me paraît extrêmement versé dans l'histoire naturelle, reprit le flatteur intriguant (car c'en était un), et M. de Lacépède, ajouta-t-il en souriant, ne ferait pas dans ses leçons

(1) Nouveau *Dictionnaire d'histoire naturelle.*

une peinture plus exacte et plus frappante. Votre description est véritablement un tableau de maître. Tenez, comme entre amateurs il faut mutuellement s'obliger, je ne puis résister à vous faire une confidence. Mon oncle, dont l'hôtel n'est pas éloigné, possède un individu de cet espèce, d'une beauté surprenante et d'une grosseur prodigieuse, qui lui a été dernièrement expédié de la Nouvelle Orléans. Mon oncle est incroyablement jaloux de son serpent, ne le veut céder à qui que ce soit, pas même au gouvernement, quoiqu'il lui en ait fait offrir une somme considérable. Si cependant, Monsieur, vous étiez curieux de voir ce monstrueux reptile, je me ferais un sensible plaisir de vous conduire chez mon parent, même en sortant du muséum. La proposition est acceptée par le crédule étranger.

Nos deux naturalistes montent dans le même coupé; et après avoir suivi plusieurs rues, la voiture s'arrête devant un magnifique hôtel. Mon oncle est-il chez lui? demande l'officieux personnage. Oui, Monsieur, répond un suisse en livrée, en ce cas descendons; on entre, on passe dans plusieurs antichambres; on traverse une longue file d'appartemens pour se rendre au cabinet qui renferme le merveilleux phénomène que le Musée royal ne possédait pas (1). Une dernière porte s'ouvre : qu'aperçoit l'étranger? Un tapis vert, une roulette et une nombreuse société de joueurs. Où donc est le serpent à sonnettes? demande-t-il. — Le serpent, Monsieur, lui répondit l'introducteur, n'était qu'un prétexte pour vous attirer ici, et procurer à ces Messieurs l'honneur et l'avantage de faire leur partie avec un savant tel que vous. Le jeune homme aussi surpris de ce compliment ironique, que désolé de s'être laissé entraîner dans un pareil piége, s'excusa sur son ignorance et sur son antipathie pour les jeux de hasard; il suppose des affaires pressantes, et veut sortir; vains subterfuges, on s'y oppose; les portes sont fermées à double verrou; inutilement il résiste; les menaces succèdent aux feintes politesses, et il est contraint de hasarder quelques rouleaux d'or, que malheureusement il avait sur lui, ainsi que ses bagues, sa montre, ses

(1) Il s'y trouve maintenant.

chaînes et autres bijoux qu'il perdit en peu d'instans.

Après avoir ainsi joué au roi dépouillé, les portes s'ouvrirent, et on lui permit de s'esquiver sans bruit, par un escalier dérobé, qui conduisait dans la cour d'un autre hôtel. Arrivé là, on le força de monter dans une voiture qui l'y attendait, et dont les stores étaient baissés. Incertain du sort qu'on lui ménageait, livré pendant près de deux heures aux plus sombres pressentimens et aux plus vives inquiétudes, il fut déposé et abandonné par le cocher sur un boulevard désert; et ce ne fut qu'avec beaucoup de peine que l'amateur de serpens à sonnettes parvint à s'orienter et à regagner l'hôtel qu'il habitait. Depuis, malgré ses recherches multipliées, et celles de la police à qui il avait porté plainte, il n'a jamais pu découvrir l'infâme tripot où ce guet-à-pens lui avait été dressé.

CHAPITRE XXXV.

Suite du même sujet. — Vallée Suisse. — Réflexions philosophiques. — Montagnes. — Belvéder. — Projet d'hommage aux amateurs de la nature. — Améliorations possibles. — Un jardin de Kew en France.

Nous étions prêts de quitter les sentiers de la délicieuse vallée suisse qui nous eût paru presqu'un nouvel Eden, si les fabriques nombreuses qui la décorent, n'eussent attesté une longue civilisation.

Tout en réfléchissant au sort de ces êtres, si doux, si paisibles, si familiers, qui y jouissent d'une juste liberté, tandis que les cruels tyrans du désert y sont renfermés dans d'étroits cachots, Philoménor ne put s'empêcher de me dire : « Me pardonnerez-vous encore une réflexion bien morale, mais bien naturelle? Les tigres, les lions et les panthères nous environnent comme la brebis et la colombe : près de ces animaux féroces, nous écoutons sans terreur leurs affreux rugissemens. Les lois observées dans cette agreste ménagerie ne vous semblent-elles pas celles d'un gouvernement parfait, où la libre sécurité des bons naît précisément du rigoureux esclavage des méchans? Tout en convenant de l'à-propos, et de la justesse de cette espèce d'apologue, l'aspect imposant de la montagne qui conduit au Belvéder, fit promptement oublier au jeune Grec les axiomes et les théories politiques, en faisant éclore une foule d'autres idées.

Chaque pas qu'il faisait réveillait mille souvenirs recueillis dans ses voyages d'Italie: « Que ne puis-je ici, me disait-il, dans ces bois, sur les rampes de ces longues allées et dans les différens détours de ce parc royal, que ne puis-je ici revoir, comme au Jardin des Plantes de Padoue, les bustes de ces hommes utiles qui ont écrit sur l'histoire naturelle!

« Si ma mémoire ne me trompe pas, j'y vis autrefois ceux de Salomon, de Dioscoride, de Prosper Alpin, de Fabius Columna et de Pont Édra; pour moi, je voudrais placer encore sous ces ombrages les statues d'Aristote, de Théophraste, de Pline, de Linné, de Pluche, de Valmont de Bomare, de Buffon, de Jussieu, de Rozier, de Mordant, de Launay, de Dumont-Courset, de Lucas, de Thouin, et successivement des naturalistes qui auraient enrichi la science par leurs découvertes ou leurs théories. Je n'oublierais pas non plus d'admettre dans la société de ces illustres savans, les poëtes qui ont chanté sur la flûte champêtre le bonheur rustique, et tous les charmes de l'agriculture. J'y placerais Théocrite à côté de Virgile; et j'entremêlerais les Rapin, les Gessner, les Racan et les Thomson avec les Delille, les Florian, les Léonard, les Campenon et les Bernardin de Saint-Pierre. Ces bosquets seraient véritablement devenus le Panthéon des amans de la nature.

« Je suis étonné, s'écriait mon ami, je suis étonné que les habiles botanistes qui dirigent les travaux de cet utile établissement n'aient pas couvert davantage ces collines des productions qui leur sont propres, et dérobé à nos yeux cette terre où la mousse croît à peine : je n'y vois ni le millepertuis, ni la pervenche, ni tous ces végétaux indigènes ou exotiques, qui se plaisent si bien sous les ombrages. Dans les sites plus élevés, n'eût-il pas été facile d'acclimater ces plantes méridionales qui bravent impunément les ardeurs du soleil, et croissent pour ainsi dire spontanément au milieu des plus âpres rochers.

« Pour soutenir la montagne, ménager des repos, je voudrais y transporter, y disséminer et faire en quelque sorte sortir à travers les arbustes, des blocs de marbre (1) et de granit tirés de tous les départemens de la France; sans quitter Paris, l'architecte paysagiste nous aurait, comme d'un coup de pinceau, rapproché sur ces collines les richesses des Alpes et des Pyrénées.

« En inscrivant sur chaque bloc le nom, l'espèce, la variété et le pays dont il serait extrait, l'homme le moins lettré qui a déjà trouvé en tout genre, dans cette capitale, tant

(1) Sans doute le directeur du cabinet d'histoire naturelle, dont le zèle égale le savoir, s'empressera de profiter de la circonstance, et sollicitera de l'autorité compétente, deux piédestaux de la même matière pour remplacer quelques planches de sapin mal peintes en marbre qui soutiennent dans une des galeries, les bustes du Roi et de la belle Vénus du célèbre Dupaty.

de moyens d'instruction, pourrait chaque jour, et à toute heure, faire un cours de géologie française. L'originale disposition des jardins de Kew, que j'ai vus en Angleterre, a provoqué cette heureuse idée. Que n'est-il en mon pouvoir de vous inspirer une jalousie très-fondée et très-peu dangereuse à ce sujet? car enfin, vous n'avez pas en France un seul jardin Royal qui, pour l'étendue et la distribution, ressemble à ce lieu délicieux; un seul jardin, où les plantes des quatre parties du monde soient réunies et placées, suivant les sites et les terrains qui leur sont propres. Ah! sous le beau ciel de votre pays, qu'il vous serait pourtant facile de choisir un canton coupé de montagnes, de vallées, de rivières et de ruisseaux, qui pût effacer cette merveille de l'Angleterre!

« Trianon, quoique fort joli, est dessiné sur une trop petite échelle : la Malmaison, si remarquable d'ailleurs par de précieuses plantations, n'a que des eaux factices. L'essai d'un Kew français serait possible, je le présume, à Saint-Ouen, Ermenonville, Morfontaine, Chambord, Rosny ou Rambouillet. »

CHAPITRE XXXVI.

Hôtel Bazancourt. — Marché aux vins. — Quelques réflexions sur les travaux publics.

Nous nous étions reposés au joli kiosque dit le Belvéder, qui dans ce moment réclame une restauration, et de plus, un gardien. Nous descendîmes de la montagne dont les points de vues sont très-variés. En sortant du Jardin du Roi, je dis à mon Grec : « Vous apercevez, dans cet ancien hôtel de Bazancourt, deux établissemens vraiment paternels. Sans être confondus dans cette maison d'arrêt avec d'infâmes scélérats, des militaires négligens ou égarés y sont punis par une détention momentanée ; lorsque tout à côté, des enfans incorrigibles y sont, avec la même mesure, insensiblement ramenés à la pratique de la vertu. « Par ce double trait de saine politique, on a songé également à maintenir une sévère discipline pour le présent, sans oublier de l'assurer par de solides garanties pour l'avenir. »

Cette institution est très-philantropique, me dit Philoménor, si, comme je le crois, les écarts de la jeunesse ou de l'âge mûr ne sont, après tout, que des maladies morales, épidémiques et contagieuses, qui cèdent très-souvent à l'isolement des sujets qui en sont attaqués, et aux remèdes curatifs qu'offriront toujours d'excellens principes, de salutaires conseils, et surtout de bons exemples.

Il avait à peine achevé, que le dépôt des vins se présenta devant moi. La curiosité de mon ami fut piquée par la singularité de l'édifice. « Cette halle est admirable, me dit-il : sa situation, sa coupe, ses distributions seraient parfaites, si les loges construites par les locataires de ces magasins y étaient d'un meilleur goût, et si l'on exigeait dans tout l'ensemble une tenue véritablement hollandaise. Je voudrais voir encore, sur la place qui se trouve au centre de ces pavillons, un monument en bronze, relatif aux vendanges : par exemple, quel sujet plus moral, plus propre à préserver un père sage des excès du vin, que le groupe d'un Noé recevant de la main pieuse de son fils le pudique manteau qui devait le mettre à l'abri des railleries de ses autres enfans aussi pervers que dénaturés. Ce sujet vaudrait bien Silène Bacchus, s'il était exécuté par l'habile ciseau de Raggi, de Bosio, de Cartelier ou de Dupaty. Comme en Italie les différentes variétés de vignes que produit la France, devraient utilement s'enlacer autour de ces jeunes érables, et faire briller jusques à leurs sommets leurs grappes dorées ou vermeilles. » « On y songera peut-être un jour, repris-je aussitôt; il ne faut qu'une heureuse inspiration; mais hélas! on entreprend ici des travaux, et souvent pendant des années ils restent ébauchés et imparfaits. Je vous le dis avec douleur, la négligence détruit vite ce que le génie commence et ne finit pas. Vous avez vu les différentes barrières de Paris construites bien avant la révolution, elles ne sont pas encore absolument terminées. Quelques-unes, soit par suite d'une construction peu solide, soit par des accidens inséparables de la guerre, ont été fort endommagées; pourtant leurs formes monumentales très-variées, d'un genre très-pittoresque, nous paraissent bien mériter l'attention de l'administration municipale, et conséquemment des réparations et un achèvement complet. Peut-être jamais les travaux publics n'ont été moins actifs que dans les trois années qui viennent de s'écouler. Si j'en excepte l'Opéra très-provisoire, la Bourse, la Chapelle expiatoire de la rue d'Anjou, les Eglises de la Madeleine, de Bonne-Nouvelle, de Notre-Dame de Lorette, et quelques réparations faites à Saint-Severin et à Saint-Germain-des-Prés, nous n'avons vu partout que des édifices interrompus. Les chantiers des Tuileries, du Louvre (1), de Notre-Dame, de la fontaine de l'Eléphant, de l'Hôtel du ministre des affaires étrangères, sont restés déserts. Nous pouvons ajouter que les échafauds vont pourrir en pure perte, si le nouveau ministère n'y met ordre; et que les murs à demi construits se détériorent d'une campagne à l'autre».

«Ne dirait-on pas, s'écriait Philoménor, que le mal a des ailes, et que le bien a précisément l'allure de la tortue!»

(1) On sent bien que quelques décorations intérieures, quelques bas-reliefs au dehors qui ne sont pas même terminés, ne contredisent en aucune manière ce que j'avance.

CHAPITRE XXXVII.

Marché aux fleurs. — Fabriques nécessaires. — Plantations exotiques. — Avantages qui en résulteraient.

Tout en faisant route, nous traversions le marché aux fleurs, où étaient entassées pêle-mêle et très près l'une de l'autre les plantes de la belle saison.

« Cet emplacement est beaucoup trop petit, me disait le jeune Grec; jamais il ne fut en rapport avec les immenses richesses végétales que vous possédez. Vous avez planté dans ce marché quelques arbres communs et forestiers; vous y avez élevé des bassins grossièrement massifs, et fait couler quelques maigres filets d'eau, lorsque des génies, groupés avec grâce au centre des fontaines, devraient élancer dans les airs mille jets d'une onde pure et bienfaisante, comme pour rafraîchir les attraits de la jeune déité qui préside en ce lieu. Vous paraissez véritablement avoir oublié les ornemens qui accompagnent toujours le séjour qu'elle habite; point de jalousie entre Flore et Pomone. Le marché aux fleurs ne doit pas être plus maltraité que celui (1) des fruits et des plantes alimentaires.

« Mais non; vous avez disposé, en spéculateur mercantile, un lieu dans lequel un de vos poëtes eût, avec Horace, regardé nécessaire l'alliance de l'agréable et de l'utile. Et puis au lieu de ces frênes, de ces sycomores et autres plants rustiques, quelle raison vous aurait empêché d'y placer des arbres de choix qui vous eussent également donné une ombre hospitalière, et se fussent successivement couverts en différentes saisons, de fleurs et de fruits, ou même auraient conservé pendant l'automne et l'hiver une éternelle verdure (2).

« J'ajouterai quele public y eût chaque jour trouvé une source d'instruction continuelle, qui eût rendu plus populaire le goût de la botanique; et l'on sait assez que lorsqu'une fois

(1) Marché Saint-Martin.

(2) Tels que pins, cèdres, sapins, chênes verts, houx, dont les fruits sont aussi intéressans que le feuillage en est épais et dont une partie supporte impunément l'élagage et la tonte des branches parasites et nuisibles.

cette science parvient à nous captiver, elle absorbe, presque malgré nous, toutes les facultés de l'âme, et nous garantit souvent de bien des vices, en nous procurant mille plaisirs innocens.

« Ces plantations eussent aussi très-bien accompagné quelques serres-chaudes ou tempérées et autres fabriques que j'aurais établies sur de nouveaux modèles, pour les plantes étrangères, trop peu acclimatées en France pour souffrir sans péril un transport journalier en plein air, et qui, même en été, redoutent la fatale influence d'une atmosphère trop inconstante. Des kiosques couverts sont d'autant plus urgens ici, que la plupart des plantes nouvelles de l'orangerie (1), malheureusement très-précoces, fleurissent dès les premiers beaux jours de nos faux printemps. Souvent j'ai vu un soleil trop ardent, une rosée inattendue, flétrir en peu d'instans la frêle beauté d'une plante superbe, dont le développement avait coûté plusieurs mois de culture à son

(1) La pivoine en arbre, le camélia, le pompadoura précoce.

Note de l'Auteur.

infortuné propriétaire, tandis qu'un salutaire abri leur eût infailliblement conservé leur existence et leurs charmes. Ne vous étonnez point, mon cher ami, du zèle que je mets à défendre les intérêts des fleurs, et à leur accorder une protection spéciale. En Grèce, les fleurs étaient les odalisques de mon sérail ; puissent les bazars conservateurs que je sollicite pour ces élégantes beautés, s'élever dans un pays où l'amitié et peut-être des affections plus douces doivent fixer mon séjour ! »

CHAPITRE XXXVIII.

Café Procope. — Odéon. — Boutiques. — Echoppes. — Anecdote anglaise. — Artistes usurpateurs. — Ecole de Médecine. — Etalages ambulans.

Nous avions dîné délicieusement au petit Rocher de Cancale, établi nouvellement près le café Procope, un des plus anciens de Paris, et qui, dans le dernier siècle, était devenu une espèce de lycée où se rassemblaient les plus célèbres littérateurs du temps, attirés par la comédie française, qui se trouvait en face (1).

Après un léger trajet, l'Odéon s'offrit à nos regards, dans sa majestueuse simplicité. « C'est à votre patrie adoptive, mon cher Philoménor, que nous avons emprunté le nom antique que porte ce spectacle. Périclès avait ainsi appelé un théâtre que pendant sa lon-

(1) On voit encore sur la maison qui en a pris la place un débris de sculpture.

gue administration, il fit bâtir dans la ville d'Athènes.

En réparant l'Odéon à neuf, en y déployant la magnificence des décors, en rendant cette salle plus belle qu'elle n'était auparavant, on assure qu'on a prévu tous les accidens qui pourraient occasioner de nouveaux malheurs, et pris de sûrs moyens pour en neutraliser les effets : des murs de séparation dans l'intérieur de la salle, des rideaux de fer, des toiles incombustibles, toutes ces mesures ont été sagement combinées, et cependant on laisse subsister d'autres foyers d'incendie (1), adossés même contre ce bel édifice; je veux parler de ces boutiques misérables, qui ôtent toute la grâce de ses portiques, boutiques dont les locataires couvrent les alentours de ce théâtre d'étalages multipliés, de paravens, de sales lambeaux, incompatibles avec la décence et la propreté. Enfin, l'enseigne d'une

(1) On trouve en hiver sous les galeries de l'Odéon, des fourneaux pour faire cuire les châtaignes; dernièrement on remarquait le même abus à Favart, dont les belles colonnes ont été noircies et enfumées par suite d'une insouciance aussi étonnante que répréhensible.

de ces échoppes, *au tambour incendié*, indique assez combien il serait urgent de faire disparaître entièrement à l'Odéon et à Feydeau, ces dangereuses boutiques qui risquent, d'un jour à l'autre, de compromettre la sûreté de ces théâtres. Qui ne gémirait sur des malheurs aussi terribles que ceux arrivés en 1816 au château de Bellevoir, en Angleterre, où le plus épouvantable incendie consuma les tableaux des Rubens et des Rembrand; on voulut sauver ces chefs-dœuvre, mais trop tard; ils furent presque tous la proie des flammes. Lors du dernier incendie de l'Odéon, on accusa la malveillance; on fit des recherches, des arrestations. Qui peut répondre que certains locataires ne deviendront pas un jour, soit par négligence, soit par des motifs plus coupables, les agens secrets des plus perfides combinaisons? » « Votre Potier, reprit Philoménor, eût pu dire dans le style propre à son genre de talent, *des amateurs de loges grillées.* » « Mauvais calembourg, repris-je aussitôt, sur un sujet aussi grave. Le goût de Paris commence malheureusement à vous gagner; pour moi, je vous le dis très-sérieusement, je suis convaincu que la faible rétribution, que la chambre des pairs et autres propriétaires retirent du loyer de ces boutiques, ne sera point un obstacle à la destruction totale de ces ignobles asiles de la misère et du mauvais goût, que doit nécessairement repousser l'élégance enchanteresse de quelques-uns de ces édifices. Devrait-on tolérer encore ces artistes de Savoye qui salissent les embasemens des portiques, non-seulement à l'Odéon mais aux Français? tous ces officieux de Paris, qui semblent s'être donné le mot pour s'installer sur les degrés de tous les monumens sacrés ou profanes, et y déposer les instrumens de leur profession? En thèse générale, la conservation des monumens exige qu'ils soient absolument isolés (1). Avant ou après le spectacle, les théâtres ne

(1) D'après ce principe, comment a-t-on souffert qu'une maison qui peut être occupée par des artisans auxquels des fourneaux sont nécessaires, ait été élevée contre cette partie de la Bibliothèque royale (rue Richelieu) qui jusqu'ici avait été parfaitement dégagée de tout contact avec les bâtimens de ce quartier? Quel amateur des lettres ne serait pas pétrifié de terreur, quand il songe que le cabinet des gravures, les galeries contenant les manuscrits, ne sont séparées que par

devraient être habités que par les acteurs, les sentinelles et les concierges. »

« Eh! qui ne sérait encore choqué, en voyant ces boutiques ou lanternes qui, récemment ou depuis plusieurs siècles, sont enchassées dans les péristyles d'autres monumens aussi importans, boutiques qui ferment certaines arcades, masquent des parties essentielles d'architecture, et en détruisent toute la majesté?

« La construction des boutiques provisoires est une manie qui fait fureur dans ce siècle, où les régles du bon goût sont impitoyablement sacrifiées, pour se procurer quelques pièces d'or de plus (1). Sans ce système prédominant, au lieu de permettre l'érection de ces nombreuses boutiques, nouvellement bâties en face de l'école de Médecine, on eût bien dû achever les ornemens de la fontaine, la seule de Paris qui forme cataracte. Maître

un mur mitoyen, des bureaux de la trésorerie, où pendant les trois quarts de l'année on fait constamment du feu?

(1) « Ces baraques déshonorent Paris par l'indigne petit moyen de faire de l'argent de tout. » *Mémoires du prince de Ligne, sur Paris*, tome II.

du terrain occupé jadis par le couvent des cordeliers, on n'eût pas rétréci une place, déjà trop petite, pour bien détacher et faire ressortir convenablement un des plus beaux ouvrages de Louis XVI. Veut-on d'autres exemples? Remet-on à neuf un théâtre, une salle de concert, Favart ou Louvois, aussitôt les plus humbles artistes de la chaussure humaine des deux sexes s'en emparent, et couvrent de débris fétides les rians édifices consacrés aux plaisirs de l'opulence. Ce n'est pas seulement autour des bâtimens profanes qu'un aveugle intérêt a construit ces dégoûtantes échoppes. On les retrouve accolées aux temples les plus riches et les mieux dotés (1). On a supprimé des boutiques construites sous les guichets des Tuileries, qui, malgré les préjugés du caractère français, assimilaient à un bazar l'entrée du principal séjour du monarque; à peine ont-elles disparu, qu'on a vu reparaître aussitôt des étalages nombreux

(1) Saint-Roch, Saint-Germain-l'Auxerrois et autres; j'en dirai autant de ces loges dégoûtantes adossées au parapet de la fontaine qui coule en face le Palais-Royal, et près le guichet du nord, au Louvre.

mobiles ou permanens. Ces étalages ne devraient-ils pas être définitivement éloignés ? Les marchands des rues adjacentes doivent assez fournir les comestibles pour la troupe et les jouets d'enfans. L'intérêt de quelques subalternes, qui peut-être tirent parti de ces abus, doit-il l'emporter sur les convenances de grandeur et de majesté, qu'il ne sera jamais permis de négliger dans le palais des rois? »

« Puisque vous êtes si délicat sur les convenances, reprit Philoménor, pourriez-vous m'apprendre qui a pu souffrir l'établissement d'une boutique de jouets d'enfans (1) dans l'enceinte même du jardin des Tuileries (2)? Autrefois, au moins, les girouettes et les moulins à vent ne se vendaient qu'en dehors

(1) Et notamment d'une quantité de polichinelles.

(2) Sans doute M. le gouverneur ignore cet abus qui indigne tous les honnêtes gens. Si l'on n'arrête pas promptement ces empiétemens sur un terrain sacré, je n'y vois plus de terme. On a permis l'établissement d'une baraque, demain on en permettra six, et il n'y a pas de raison pour que le bas de la terrasse des Feuillans ne devienne pas une honteuse foire

de la grille ; mais leur vente publique était proscrite à l'Intérieur. » « Hélas! lui répondis-je, avec cette espèce de tolérance cupide qui s'introduit partout, espère-t-on donner au peuple un grand respect pour la résidence du souverain ? Ignore-t-on qu'une chaîne, pour ainsi dire imperceptible, semble lier étroitement les petites choses aux plus grandes? Nos pères pensaient bien autrement, lorsqu'ils exigeaient même une toilette soignée (1), pour pouvoir se promener aux Tuileries. On doit se rappeler si, à cette époque, l'autorité était respectée : depuis, on sait assez que l'abandon de certaines étiquettes fut une des mille causes de la révolution française. » « Si ces usages incommodes sont abolis, me dit Philoménor, les fumeurs de cigares devraient-ils être tolérés dans les Tuileries ? Je ne crois pas qu'il soit convenable que ce jardin devienne un estaminet en plein vent. On devrait n'accorder

perpétuelle, au bénéfice de gens que nous ne connaissons pas.

(1) Un homme ne s'y montrait jamais sans l'épée et l'habit habillé, et une femme n'aurait pu s'y présenter avec une mante.

au limonadier des Tuileries la faveur de vendre dans le jardin ses liqueurs et son café, que sous la condition expresse d'y construire un kiosque solide et de bon goût, dont le dessein lui serait donné. La même mesure serait exigée de ces loueuses de journaux qui font, sur la nouvelle du jour, un commerce si lucratif; et on ne leur permettrait de placer leurs cabinets de lecture que dans des lieux où ils ne pourraient nuire à la beauté du jardin, comme, par exemple, exclusivement dans les deux futaies de marronniers. » «Le café et les cabinets seraient ainsi rapprochés, répliquai-je, des grands politiques de la Petite-Provence, gens toujours altérés, lorsque dans leurs curieuses conversations, ils ont débattu les intérêts de l'Espagne ou de la Turquie, et fixé les destinées des quatre parties du monde. Il est certain, mon cher ami, que ce café, ces boutiques, ces échoppes, qui gâtent entièrement le beau coup d'œil de l'allée des orangers, seraient bien mieux remplacés par des palissades de lauriers, d'alaternes, de phylaria et autres arbustes à fleurs de toutes les saisons, qui finiraient par masquer, sans interruption, les gros murs qui soutiennent la terrasse des Feuillans. » « Je suis témoin reprit Philoménor, d'un abus bien incroyable. Me promenant un jour aux Tuileries, je vis un attroupement se former, et j'appris que trois jolies femmes, dont le costume était absolument pareil, en étaient la cause. Remarquées dès leur entrée dans le jardin, elles avaient été examinées de plus près par quelques jeunes gens qui s'étaient arrêtés tout court pour mieux les considérer. Aussitôt la multitude, toujours curieuse, toujours empressée, avait entouré les trois belles dames qui, en un clin-d'œil, avaient été cernées. Leur embarras paraissait grand. Heureusement pour elles, les gardes du jardin leur offrirent de les protéger, en les priant toutefois très-poliment de sortir, pour se soustraire plus sûrement à ce genre d'affront, auquel peuvent être exposées les femmes les plus honnêtes et les plus respectables.

« L'urbanité française, ajouta le jeune Grec, ne découvrirait-elle point facilement les moyens de mettre un frein à une pareille licence, et de prévenir de semblables excès?

« Si les bicoques couvertes de toiles déchirées et de lambeaux, que l'on voit près la grille, dite du Pont-Tournant, et les Champs-Élysées, sont adsolument nécessaires, ne vaudrait-il pas mieux y établir un petit nombre de pavillons élégans, réguliers et parallèles, qui serviront au même usage ?

CHAPITRE XXXIX.

Affiches, placards. — Mot de Mercier. — Plaisans contrastes. — Création de compagnies de police, et d'un nouvel inspecteur des monumens. — Fosses inodores; gaz hydrogène. — Preuves de ses inconvéniens. — Avantages et dangers des nouvelles découvertes.

Six heures n'étaient pas encore sonnées, et les bureaux étant encore fermés, nous eumes le temps de continuer nos observations critiques : « Voyez, me disait Philoménor ; est-il possible que l'extérieur de l'Odéon soit aussi maussade et aussi bizarre ? Ses colonnes ne sont pas même respectées; partout des affiches barbouillent les murs, et jusqu'aux voussures des arcades. Thalie et Melpomène applaudiraient sans doute à la disparition de tant de sottes et inconvenantes caricatures, que l'on expose, pour ainsi dire, dans leur sanctuaire. » « Dites-en autant, répliquai-je, de la salle de Feydeau dont le portique ressemble à l'entrée d'un théâtre de carton. Le granit factice y disparaît sous les placards de toutes couleurs. Qui n'aurait été choqué en lisant les annonces encadrées, saillantes, scellées en fer, naguère retenues même avec des chaînes, jusque sur les colonnes de Favart, dont le péristyle devrait, pour bien des raisons, être fermé avec des grilles (1). »

« Naguère ! dites-vous, reprit Philoménor ; aujourd'hui même on en suspend effrontément entre les arcades de la rue Castiglione (2), dont elles défigurent les formes si belles et si pures. On en place même autour des superbes candélabres en bronze (3) du pont des Arts,

(1) Partout, comme en Angleterre, dont nous aimons tant à suivre les usages, les monumens publics devraient être environnés de grilles.

(2) Heureusement, M. le préfet de police vient de prendre un arrêté relatif à ces galeries, par suite duquel, doivent disparaître les montres et les enseignes saillantes collées ou peintes sur les pilastres, ou suspendues entre les portiques, et généralement tout ce qui peut intercepter le passage des galeries, qui par le contrat de vente et un ancien décret, sont très-positivement réservées pour la libre circulation du public.

(3) Depuis long-temps les globes des lanternes sont brisés, et on ne songe pas à les remplacer.

et de ceux qui, sur les boulevards des Italiens, éclairent l'entrée des rues Grange-Batelière et Le Pelletier; et cependant avec des moyens peu dispendieux que j'indiquerai, on n'aurait pas lieu de gémir sur la tenue pitoyable des plus gracieux monumens de Paris. Des plaintes aussi raisonnables s'élèvent ailleurs, notamment lorsqu'on passe dans la rue des Colonnes, près Feydeau; vient-on de réparer ou de mettre à neuf une galerie, aussitôt des ouvriers y font peindre en toutes nuances les signes de leurs différens états, sans qu'aucune autorité exerce à ce sujet une utile censure; par respect pour le bon goût, sans froisser les priviléges de la propriété, le gouvernement, ce me semble, a bien le droit acquis de proscrire un semblable vandalisme. Abus vraiment déplorable qui ne se trouve peut-être qu'en France, mais qui, très-certainement, n'existe point à Rome, à Milan et à Londres (2). L'impri-

(2) « Les Anglais sont aussi jaloux de leurs murailles « que les Italiens le sont de leurs femmes, et vous « lisez à chaque pas ces mots sur les murs : *Quiconque placera ici une affiche, sera poursuivi conformément aux lois*. Six mois à Londres, page 16.

merie est devenue la lèpre de l'architecture ! Excepté le Luxembourg, l'Élysée-Bourbon et quelques parties du palais du duc d'Orléans, il n'est pas un monument, une colonnade, un édifice public, qui ne soient offusqués par une quantité d'affiches, de placards, qui non seulement nuisent à la grâce de l'ensemble, mais qui sont encore, par leur objet, de l'indécence la plus révoltante; on en a vu même quelques-unes qui prêtaient au calembourg, et qui, probablement conseillées par les ennemis de la France, étaient une insulte directe à la majesté royale. L'étranger croira-t-il qu'aux Tuileries, contre les pilastres soutenant la grille, rue de Rivoli, côté du Carrousel, et côté du quai, depuis le pavillon de Flore jusqu'au jardin de l'Infante, l'étranger, dis-je, croira-t-il qu'il existe un si grand nombre d'affiches, qu'on se figurerait presque entrer dans un magasin ? (1)

(1) Qui n'y a pas lu avec indignation depuis longues années, « Vente à moitié perte. — La vérité est que « l'on trouve chapeaux à vendre au plus juste prix. — « Cire composée pour les moustaches. — Bandages « herniaires. — Cire composée infaillible pour les

« L'affiche usurpatrice n'a pas même épargné la partie du Louvre nouvellement regrattée où se voit le buste de Louis XIV, où l'on est saisi de surprise et d'admiration en considérant la magnifique colonnade du médecin architecte (1); et c'est précisément dans cet endroit que souvent les placards de toute nuance sont le plus multipliés. De temps en temps, je le sais, on les fait disparaître, mais jamais entièrement; et des lambeaux d'affiches à moitié détachés, y voltigent encore au moment où je vous parle; déjà les pilastres des nouvelles grilles en sont couverts; on vient même d'en placer plusieurs jusque dans l'intérieur du Louvre (2), sous les guichets. » « Quels sont donc les de-

« cors aux pieds. — Consultations et traitement pour
« les maladies v..., rue de l'Arbre-Sec. — Rob anti-
« syphilitique du sieur Laffecteur, et annonces de
« charlatans. — Poudre sanitaire. — Onguent pour
« la brûlure. — Cuisine Anglo-Française, etc.

(1) Perrault.

(2) Il en coûterait pourtant si peu d'informer le public de telle mesure de police, en mettant l'annonce ou l'arrêté, dans un cadre suspendu, qui ne salirait point les murs par la colle et les débris de papier.

voirs des conservateurs de vos palais, s'écria Philoménor? Sur quels objets s'étend leur surveillance? » « Oui, mon ami, repris-je, d'après des abus aussi crians, d'après une pareille audace, je suis étonné de ne pas voir ici, en grosses lettres, les annonces des nobles métiers que l'on exerce sur le pont voisin. »

« Ne vous fâchez pas, me dit mon Grec; pour moi, lorsque je considère ces éternels placards, je me rappelle ce mot si plaisant de Mercier: « Jamais l'antiquité, ne connut le placard. Pauvre antiquité! nos descendans « seront bien mieux endoctrinés. Le placard! il couvre, il colorie, il habille Paris, « à l'époque où ces lignes sont tracées; et « l'on pourrait dire *Paris affiche*, pour le « distinguer par son costume le plus apparent, des autres cités de l'univers. »

« Mais cet outrage fait à nos monumens, s'est étendu plus loin que sur nos théâtres, les palais des grands, des ministres, des chambres et du garde-meuble de la couronne; il a gagné quelquefois jusque sur nos arcs de triomphe, jusque sur nos plus magnifiques établissemens, tels que l'hôtel de la Monnaie, l'Institut et ses galeries adjacentes, où des tentes, des bureaux, des étalages sans nombre dérobent en partie à l'œil du spectateur, les façades de ces deux dépôts des richesses nationales, soit métalliques, soit intellectuelles. Cette monstruosité s'est encore glissée jusque sur les péristyles de nos églises (1), où le prospectus d'un Voltaire compacte se trouve quelquefois placardé à côté du mandement religieux; où les secrets du charlatanisme pour les infirmités les plus honteuses, se trouvent accolés à l'annonce d'une mission et d'une retraite; et plus d'une fois l'afficheur a collé sur les murs du même temple le nom du prédicateur de la station, tout près de

(1) On voit encore une partie de ces affiches contre Notre-Dame, Saint-Sulpice, Saint-Roch, Saint-Gervais, Saint-Louis, Saint-Philippe. L'église de Saint-Laurent, faubourg Saint-Martin, est peut-être la seule qui ait échappé à cette espèce de profanation. Enfin, ô prodige des révolutions! sur les murs du même temple où Massillon faisait entendre les touchans accens de sa persuasive éloquence, où l'aigle de Meaux, le grand Bossuet, lançait ses foudres contre l'erreur... je lis d'un côté, ces mots tracés en gros caractères: *On apprête à neuf les cachemires, on nettoye les schals de laine, on fait les reprises perdues...* et de l'autre, *Librairie protestante, etc.*

l'annonce des pièces où devaient jouer Talma et Potier et contre l'adresse indiquant le changement de domicile du costumier fournisseur des bals de Paris.

« Faut-il tout dire? l'intérieur même des basiliques n'a pas été respecté (1). En un mot cette gangrène monumentale a couvert grotesquement tous les endroits où l'architecture offre le coup d'œil le plus imposant et le plus magnifique; mais comme il ne suffit pas de critiquer et de dénoncer des abus sans indiquer les remèdes, voici les moyens simples que je proposerais, si j'avais l'honneur de les communiquer à l'autorité jalouse de les faire cesser, et d'acquérir le titre de restaurateur de leur antique beauté. Je désirerais qu'on plaçât nuit et jour des gardes près des monumens qui n'en ont point, et que ces

(1) Non loin du mandement de Monseigneur l'Archevêque, on lisait, le 15 août dernier 1823, dans l'église Saint-Roch : Cent francs de récompense à qui rapportera au bureau, rue de la Jussienne, une petite perruche verte, à longue queue, disant parfaitement : *Vive le roi* ! Etait-ce en raison des bons principes inculqués à la perruche, que le placard avait été souffert et toléré ?

sentinelles fussent centuplées, lors des réunions publiques, pour empêcher et prévenir toute espèce de dégradations. Il faudrait défendre, sous peine d'une forte amende, de placarder contre aucun monument tel qu'églises, palais, hôtels, fontaines, colonnades (1), théâtres, ponts et tout autre lieu consacré au service public, en assignant pour les affiches de spectacles, un endroit unique (2), dans chaque local, qui n'ôte pas à la vue le plaisir de contempler le bel ensemble de les murs. Il serait même beaucoup mieux de les placer, comme à Londres (3), dans un cadre mobile, et de ne jamais les coller contre les murs. Il faudrait ordonner que les affiches existantes seront enlevées avec soin, ainsi que ces ébauches insipides, ces grossières caricatures que

(1) Notamment sur celles qui soutiennent le vestibule du Palais-Royal, côté de la rue des Petits-Champs et contre les amphithéâtres du Jardin du Roi.

(2) A Londres on les dépose dans les différentes boutiques où elles sont exposées aux regards. *Six mois à Londres*, page 16.

(3) Il faut être juste, depuis peu cet usage est adopté à l'Opéra et aux Français, mais il ne l'est ni à l'Odéon, ni à Feydeau.

les crayons de la malveillance ou de la sottise se complaisent à y tracer. Il serait même nécessaire d'exiger une amende de ceux qui violeraient la défense d'en appliquer de nouveau sur nos beaux monumens. Je regarderais comme urgent d'arrêter que les affiches, annonces et placards seront mis exclusivement à l'avenir près des cafés, des restaurateurs, marchands de vin, en un mot, aux seuls endroits fixés par la police dans les différens quartiers de Paris; ou mieux encore sur des *colonnes* (1) élevées exprès, lorsque la nécessité l'exigerait. On devrait créer enfin un inspecteur et restaurateur des monumens publics, qui ne se contentât pas d'en porter le titre, et surtout d'en toucher les émolumens, mais qui en remplît scrupuleusement les fonctions, et dont l'unique emploi, l'utile dictature, serait de censurer, de supprimer et de réformer les abus qui, malgré sa vigilance, s'introduiraient dans les différens quartiers de cette grande ville. On croira facilement qu'il serait indispensable de choisir cet inspecteur parmi

(1) Telles qu'à New-York, et autres villes des Etats-Unis.

les amis des arts les plus zélés, les plus actifs et surtout les plus éclairés, et de lui accorder des appointemens modérés, mais assez forts, pour qu'il pût se transporter facilement dans tous les endroits où son emploi l'appellerait continuellement. On n'hésiterait pas, d'après ces antécédens, à lui accorder une autorité assez illimitée, pour qu'il ne fût point contrarié dans ses plans par la routine et par de sordides intérêts. Cet inspecteur serait d'ailleurs sous la surveillance du ministre de la police, et aurait le droit de proposer, soit au ministre de l'intérieur et de la maison du roi, soit au préfet, soit au conseil municipal, les améliorations qu'il jugerait convenables. Enfin, je mettrais à sa disposition un nombre déterminé d'ouvriers, pris parmi ceux qui se trouvent sans ouvrage, pour nettoyer et entretenir l'intérieur et l'extérieur des bâtimens publics qui en auraient besoin; des fonds dont cet inspecteur deviendrait comptable, seraient affectés à ces travaux vraiment conservateurs. »

Les portes de l'Odéon s'ouvraient; Philoménor me fit encore observer qu'une grande partie des murs de ce théâtre n'avait pas été regrattée depuis sa restauration; ce qui produisait la bigarrure la plus choquante. « Quelle odeur! ajoutait le jeune Grec, en traversant le péristyle (1)! On a récemment inventé les fosses inodores, (qui ne le sont pas toujours) découverte bien intéressante pour la salubrité publique, et on néglige les moyens les plus simples de la conserver. » En disant ces mots, nous montâmes le magnifique escalier, et nous fûmes placés de manière à voir parfaitement l'ensemble de la salle, entièrement éclairée par le gaz hydrogène. Philoménor reprit bientôt le fil d'une conversation que notre en-

(1) Souvent on croit respirer l'atmosphère des cloaques les plus infects. Souvent la malpropreté est telle, qu'une femme en montant ou en descendant les degrés, ne peut déployer sa robe, sans qu'elle ne soit tachée ou mouillée par les immondices, que l'on a vu tomber en cascade, des extrémités de la terrasse qui règne sur le fronton du théâtre. Indépendamment des bassins qui existent, il serait donc utile d'établir des tuyaux secrets de propreté, et de donner surtout la consigne de la surveillance la plus sévère, pour éloigner et punir les sales profanateurs qui oseraient trangresser les dispositions d'un arrêté pris à ce sujet.

trée à l'orchestre avait momentanément interrompue. « S'il était permis, me disait-il, de confier à l'oreille de certains novateurs des vérités légèrement acerbes, mais trop justement méritées, que je leur tiendrais volontiers ce langage : hommes doctes, qui voyagez si commodément par terre et par eau, pour conquérir, en Angleterre, les sublimes découvertes du jury et du gaz hydrogène, de grâce, ne rejetez pas une supplique éminemment libérale, et qui vous est adressée par le patriotisme le plus pur. Sollicitez seulement un petit voyage en Belgique ou en Hollande ; et tâchez de nous en rapporter ce système d'excellente police, de propreté rigoureuse et salubre, qui fait de Bruxelles et d'Amsterdam les plus belles et les plus saines villes de l'univers. » « Au moins, à leur retour, repris-je aussitôt, on n'aura pas lieu de leur reprocher des lumières aussi nauséabondes (1). L'éclairage par le gaz (2) avait d'a-

(1) Comme on est à même de s'en convaincre en traversant le soir le jardin du Luxembourg, côté de la rue d'Enfer.

(2) Sauf quelques faits nouveaux que j'ai cru devoir ajouter, un grand nombre de personnes pourraient at-

bord été abandonné au café de la place de l'hôtel de ville, et au passage des Panoramas, pour un très-grand inconvénient, une puanteur insupportable, qui chaque jour se fait sentir dans les corridors, les foyers, et jusque dans l'intérieur des salles de spectacle (1) éclairées par ce fluide pestilentiel; j'en ai pour garant le Miroir; et, certes, le Miroir ne doit pas être infidèle; on ne l'accusera pas d'être l'ennemi des brillantes lumières. Je me souviens d'avoir lu dans un de ses numéros (21 septembre 1822): « On avertit le directeur qu'une « odeur fétide occasionée par les préparatifs du « gaz anglais indispose tous les spectateurs; »

tester que cette dissertation sur le gaz hydrogène était composée plus de six mois avant la publication de l'*Essai critique sur le gaz hydrogène*, par MM. Charles Nodier et le docteur Pichot, ouvrage où le talent de l'observation se fait autant remarquer qu'un profond savoir, enchassé dans le cadre le plus heureux.

(1) « A Londres même, dit M. Charles Nodier, où « cet éclairage doit être infiniment perfectionné, nous « attestons qu'il n'est pas de théâtre où nous n'ayons « été poursuivis par ces odieux miasmes capables « de détruire l'illusion de la représentation la plus « attachante. » *Essai critique sur le gaz hydrogène*, page 76.

et dans un autre plus récent, (décembre) il nous apprend : « que le gaz de l'Odéon a une « odeur fâcheuse ; que le gaz de l'Opéra exhale « une odeur sulfureuse la plus désagréable ; « il a fait la même expérience aux Variétés, et « chez les marchands qui avoisinent ce « théâtre. On n'aurait rien écrit sur tout ceci, « ajoute-t-il, si l'on n'avait eu à se plaindre « que des *éclipses* du gaz (1), dont j'ai été « témoin plusieurs fois à l'Opéra et dans tout « le quartier que doit éclairer la compagnie « royale ; mais je ne puis supporter une odeur « qui me suffoque, et qui me fait tousser « encore. »

« Cependant, puisque malgré le vice radical et presqu'irrémédiable d'une chaleur qui absorbe l'air le plus pur et le plus vital, puisque malgré le défaut très-marqué d'une lumière trop éblouissante (2), d'un éclat sin-

(1) En pareille circonstance, quel coup de fortune pour les filous de toute espèce !

(2) Placé ailleurs qu'au parterre et à l'orchestre de l'Odéon, soit au niveau, soit au dessus du lustre, on a peine à saisir les traits des comédiens qui sont en scène ; ce qui n'arrivait pas lorsqu'on se servait d'huile et de bougies.

gulièrement inconstant, et par là, fatigant pour les acteurs et les spectateurs eux-mêmes, ce procédé est définitivement adopté pour deux grands théâtres et un petit, et bientôt pour l'Ecole de Médecine, la Monnaie, l'Institut, enfin de proche en proche, pour nos plus somptueux établissemens, j'interrogerai les plus habiles chimistes ; je leur demanderai la solution d'un double problème qui intéresse également la conservation des monumens et de ceux qui les fréquentent.

« Je demanderai donc si le gaz hydrogène ne doit pas noircir par ses exhalaisons, les dorures qui ont été prodiguées dans les salles où il est introduit ; si cette nouveauté privilégiée ne doit pas ternir avant six mois les fraîches et brillantes décorations qui, en ne se servant que de l'éclairage ordinaire, auraient pu subsister quinze ans sans la moindre altération ; enfin si la santé, l'existence même des spectateurs, ne sont pas exposées chaque jour au péril le plus imminent ? » « Eh ! mon cher ami, la chose n'est-elle pas démontrée par une bien fatale expérience ! Les décors de l'Odéon sont en partie flétris : les dorures de la coupole, placées au-dessus du magnifique lustre du nouvel Opéra, ont déjà perdu leur éclat : vous doutez encore des suites funestes qu'entraîne après soi l'opiniâtre entêtement de nos amateurs anglomanes. Ignorez-vous donc qu'un jour les réservoirs du Luxembourg ont été subitement rompus, et que tout le quartier Saint-Germain fut horriblement infecté? Ignorez-vous que plusieurs personnes en sont mortes? Une fatale expérience n'a-t-elle pas prouvé que les eaux puisées à l'endroit où celles du gazomètre se déchargent, ont les qualités les plus délétères pour tout ce qui respire (1)? Et ces malheurs patens n'ont pas guéri les novateurs! La vie d'un homme n'est-elle pas cent fois plus précieuse que cette perfide découverte, dont plus d'une fois déjà on a eu lieu de regretter l'in-

(1) L'expérience en a été constatée à Londres : « Par ordre du lord-maire, on a présenté à un jury « de chimistes plusieurs bouteilles d'eau puisée dans « la Tamise, à trente pas de l'égoût du gaz ; cette eau « exhalait une odeur infecte ; on en a rempli un vase « dans lequel on a plongé des anguilles et autres « poissons très-sains ; au bout de trois ou quatre mi- « nutes ils étaient tous morts. » *Journal du commerce*, 25 septembre 1821.

troduction en Angleterre? Et pour corroborer ce que j'avance, je vous citerai des faits qui m'ont été rapportés par un témoin oculaire. Il y a près de huit mois, un des conduits *intérieurs* du gaz se brisa par un effet de l'extrême chaleur dont les élancemens, comme je vous l'ai fait remarquer, sont perpétuellement variables et vacillans, et le feu prit au théâtre de *Hay-Market* pendant la représentation. On pensa être étouffé par l'odeur contagieuse dont on fut frappé; l'affreux danger, m'a-t-on assuré, ne fut bien connu, que lorsque la prompte évacuation de la salle, et des secours administrés avec une sage célérité, eurent préservé ceux qui assistaient à ce spectacle. Chez des chimistes très-connus à Londres, Savory et Moore, le feu prit dans une pharmacie éclairée par les mêmes moyens; le dommage fut immense.

« Le 22 mars 1822, vers les quatre heures « après midi, un gazomètre de *Friars Street* « a éclaté avec une détonation terrible. « C'est là qu'est le réservoir qui fournit le « gaz à *Black Friars Road* et autres rues « adjacentes; il contenait alors environ cent « soixante tonneaux d'eau. On suppose que

« l'accident est provenu de ce que le ga-
« zomètre était trop chargé. M. William
« Morgan, ingénieur, fut jeté à dix-huit toises
« par-dessus le faîte de la maison d'un M. An-
« drews dans *Green Street*, et tué roide.....
« L'explosion causa beaucoup d'autres dom-
« mages dans les environs, et plusieurs per-
« sonnes ont été grièvement blessées. M. Roper
« a manqué de périr, et le bâtiment où il
« fait bouillir des os a été détruit. Plusieurs
« autres bâtimens ont été endommagés; lorsque
« le gazomètre a éclaté, l'eau s'est élancée
« avec tant de force, qu'elle a renversé la
« maison de Mme Clarke, et emporté une
« petite fille à plus de cinquante verges.
« Enfin, le 27 octobre de l'année 1822, le
« quartier de l'Opéra de Londres éprouva les
« plus vives alarmes et la plus profonde ter-
« reur (1), en voyant un immense volume de
« flammes sortir des décombres de la façade
« de la Compagnie des Indes, qui venait de
« s'écrouler, par l'effet d'une explosion, dont
« le bruit ressemblait à celui d'une décharge

(1) Fait avoué par sir William Congrève, au ministre de l'intérieur.

« de plusieurs grosses pièces d'artillerie. On « ne peut comparer la secousse qu'à un vio- « lent tremblement de terre; il en sortait « une odeur insupportable. Cette explosion « provenait de l'inflammation du gaz qui s'é- « tait échappé des tuyaux souterrains, qu'on « n'avait pas eu soin de tenir bien fermés. « Plusieurs autres bâtimens en ont été en- « dommagés, entre autres ceux de la compa- « gnie de Westminster-Wine, qui renfer- « ment des celliers considérables; plusieurs « personnes ont été plus ou moins brûlées; « d'autres ont péri dans les flammes (1). »

« Le vertige est tel, que l'on s'endort sur d'autres périls. Vous le savez peut-être, avant et depuis la révolution, des éboulemens considérables ont eu lieu dans les vastes carrières sur lesquelles la moitié de Paris est bâtie. L'autorité fut alors vivement alarmée. On fit de grands travaux, on raffermit les immenses parois et les énormes piliers qui supportent les voûtes de ces souterrains; et dans ce moment, par suite des excavations, peu pro-

(1) *Voyez* les Débats, le journal de Paris, du mois d'octobre.

fondes il est vrai, mais incalculables, exécutées pour l'introduction du gaz, les entrepreneurs semblent oublier que les affreux résultats de dangers toujours menaçans, sont plus que triplés. Quel sera le sort d'une cité ainsi traversée en tous sens par des milliers de canaux putrides? Ne ressemblera-t-elle point à ce pestiféré qui, malgré ses plaintes et ses gémissemens, sent de plus en plus circuler dans ses veines un feu délétère qui doit tôt ou tard consumer sa vie? Que deviendrait Paris le jour d'un tremblement de terre, sans cesse possible et toujours imprévu? Que deviendrait Paris, si les convulsions de la nature brisaient en mille endroits les tuyaux conducteurs du fluide hydrogène; si les détonations de ce fluide phosphorique et enflammé se joignaient aux oscillations, aux secousses du globe et à des éruptions volcaniques? Sans parler des accidens causés par le défaut de surveillance, n'a-t-on pas lieu d'appréhender, dans un siècle de révolutions, qu'un chef de conspirateurs ne s'empare à l'improviste de l'un des réservoirs du gaz? N'est-il point à craindre que, maître d'arrêter l'échappement de cette pernicieuse lumière, il ne plonge tout un quartier dans l'obscurité la plus profonde, pour exécuter plus sûrement et avec impunité ses horribles complots? D'ailleurs enfin, indépendamment des calculs de la malice humaine, la suspension du principe lumineux sera toujours à craindre, presque toujours inévitable, toutes les fois qu'une réunion de personnes sera trop considérable, en raison du local. (1) »

(1) « Ce phénomène, comme me l'a dit un habile « chimiste, s'explique facilement : deux gaz sont né- « cessaires pour mettre le calorique en action. Le pre- « mier qui est l'hydrogène, est comme on sait la base « de la chaleur; le second qui met cette base en action, « est l'oxigène ou principe vital contenu dans l'air at- « mosphérique. Lorsque ces deux gaz sont dégagés « de toute autre combinaison, la lumière jaillit dans « toute sa pureté ; et ce gaz est aujourd'hui celui qui « sert à éclairer tous nos établissemens. Mais lorsque « dans le local dont nous avons parlé ci-dessus se « trouve une assemblée d'hommes trop grande, re- « lativement à l'édifice qui les renferme, (et je « prends pour exemple un théâtre), la partie d'oxi- « gène ou principe vital étant absorbée par des spec- « tateurs trop nombreux, dès lors, manque pour « fournir au développement du gaz ; et telle est la dé- « monstration physique et irrécusable des absences « de lumière qui se sont plusieurs fois manifestées

« Tout ceci est physiquement prouvé, me dit mon Grec, mais pourquoi glissez-vous si légèrement sur les suites que peut avoir la moindre inadvertance, lorsque le Miroir d'hier m'apprend, « qu'un incendie s'est manifesté dans un quartier très-populeux de Londres que cet accident a compromis pendant quelques heures. La négligence des préposés au gaz en était la cause (1). » « Le croiriez-

« précédemment à l'Opéra, et dernièrement à Faydeau « lorsqu'on y donnait *Zémire et Azor* (a). »

Le témoignage d'un Anglais cité par M. Charles Nodier, vient à l'appui de cette assertion. « Cinq cents « pouces cubes de gaz hydrogène, fournis par un bec « de manière à produire une flamme égale à celle « d'une chandelle ordinaire, consument mille soixante-« seize pouces cubes d'*air vital*, pendant que la chan-« delle n'en absorbe que deux cent soixante-dix-neuf. » *Essai critique sur le Gaz hydrogène*, pages 74 et 75.

(1) Personne n'ignore les accidens arrivés au Palais-Royal, chez le restaurateur Provos, en vain les directeurs de la compagnie du gaz ont fait tous leurs efforts, et employé leur puissante influence pour nier

(a) Cette seconde pièce ne put être représentée ; il n'y a que les entrepreneurs et les filous qui puissent s'intéresser à ce mode d'éclairage.

vous, repris-je, mon cher ami ? les partisans intéressés du gaz ont répondu : « L'hôtel « du prince de Schwartzemberg vient de « brûler ; une bougie a mis le feu à la salle « du bal, c'est la faute des fabricans de bou- « gies. » Cette réponse, je n'ai pas besoin

ou dissimuler des malheurs dont plus de mille individus sont témoins. Il est constant que plusieurs personnes de ce restaurant ont été blessées, qu'un jeune homme a sauté à plus de sept pieds en l'air ; qu'un plafond a été percé à jour ; que des glaces, des pendules, des lustres, et surtout des porcelaines renfermées dans les buffets, ont été brisés et mis en morceaux.

« Enfin, le 18 octobre 1823, les habitans de Glas- « gow, voisins du pont de Bromielan, ont été ré- « veillés par une forte détonation qui a ébranlé leurs « maisons jusqu'aux fondations. Elle provenait de la « cave de Mme Golvic. Les effets en ont été destructifs « et alarmans. La porte de la cave a été emportée ; et « le gaz en s'élevant a fait sauter la porte du corridor. « Le plancher d'une chambre de derrière de la maison « de M. William Wilson, a été enlevé jusqu'au plafond ; « les meubles ont été brisés et détruits ; les portes ont « été renversées ; et les fenêtres et volets ont été jetés « dans une cour ; un fort étai en fer a été rompu sur « l'escalier par la secousse ; seize fenêtres en tout ont été « plus ou moins endommagées. » *Journal des Débats.*

de vous le dire, est une absurdité, un pur sophisme. Lorsque l'affreux accident eut lieu, on ne dut s'en prendre, ni à la bougie, ni à celui qui l'avait fabriquée ; mais bien à l'imprudence et à l'incurie de l'ordonnateur de la fête, qui plaça trop près des lustres des matières combustibles, des feuillages, des guirlandes de fleurs. On accusa la malveillance ; sur ce dernier fait, les soupçons ne sont pas dissipés. D'ailleurs la comparaison entre les dangers d'un incendie ordinaire et ceux de l'inflammation du fluide étranger n'est pas supportable. Que la flamme d'une bougie atteigne un rideau, une draperie, ou tout autre objet, souvent on aperçoit l'ennemi avant qu'il ait fait des progrès ; quelquefois le feu est lent à se développer ; lorsqu'il agit sur certaines matières, il suffit de l'étouffer, pour l'éteindre. Ordinairement, en peu de temps, avec de l'eau, des pompes et des bras, on réussit à s'en rendre maître et à sauver ses trésors et sa vie. En est-il ainsi du gaz ? Par quels moyens connus la sagesse humaine, toute prévoyante que vous la supposiez, arrêtera-t-elle l'éruption inattendue, subite, d'une force comprimée qui, en sor-

8*

tant de sa prison, soulève et renverse comme un volcan, les édifices les plus solides, qui brûle, asphyxie et donne la mort avec l'activité de la foudre?

« Voici quelque chose de plus positif : je tiens de physiciens très-célèbres une décision à ce sujet, qui doit jeter la terreur au milieu des plaisirs. Si, comme me l'ont certifié deux anciens élèves du premier médecin de Paris, si dans la salle de l'Odéon un des tuyaux propagateurs du gaz venait malheureusement à se rompre par une cause possible et imprévue, il n'y aurait pas un seul des spectateurs qui eût le temps d'échapper à l'explosion de cette vapeur mortelle; tous périraient misérablement dans l'instant le plus rapide que conçoive la pensée. Conséquemment, si cet accident arrivait le jour d'une représentation extraordinaire, plus de quatre mille personnes auraient à Paris le sort des habitans de Pompeïa et d'Herculanum!... » (1)

(1) « *Tanta vero erat copia cineris ut duasque urbes* « *Herculanum et Pompeias populo sedente in theatro* « *obruit.* » Epitome Dionis Cassii seu romanæ historiæ scriptores græci minores.

Par suite d'un tremblement de terre, causé par une

« O Providence! s'écria Philoménor, de modernes Erostrates seraient-ils les aveugles instrumens de vos impénétrables justices? »

« Pour vous citer un fait plus récent, répliquai-je, attendra-t-on que nos théâtres et nos autres édifices aient le sort de ceux de Munich (1)? Il est rare que l'on prévienne les accidens avant qu'ils arrivent. Ainsi l'on n'a songé à fonder à Rome une école d'architecture, que lorsque deux propriétaires, M. Simonnetti et son fils, ont été écrasés sous les décombres d'un édifice peu solidement construit; ce fâcheux événement a eu lieu en 1823. D'après les exemples cités et les oracles sortis de la bouche de deux hommes qu'un profond savoir a dégagés des préjugés d'outre-mer, persistera-t-on, par suite d'un engouement coupable à maintenir un

éruption du Vésuve, une pluie de cendre tomba en si grande quantité, qu'elle ensevelit entièrement les villes de Pompeïa et d'Herculanum, au moment où le peuple était réuni au théâtre. *Epitome de Dion Cassius ou histoire des écrivains grecs du Bas-Empire.*

(1) On pense que l'incendie des deux spectacles royaux de cette résidence provient des tuyaux au moyen desquels la salle est échauffée. *Gazette* de janvier, même année.

système pitoyablement économique, qui peut d'un jour à l'autre, compromettre la vie d'un si grand nombre de Français; et, ce qui est bien moins précieux, la fraîcheur des décors de nos spectacles et la conservation des chefs-d'œuvres de notre Musée moderne, auprès duquel sont si imprudemment établis les réservoirs infernaux de cette invention détestable? Je ne vous ai pas encore parlé d'inconvéniens plus minces encore; mais qui n'en feront pas moins jeter les hauts cris. Dans nos théâtres, l'air échauffé, épaissi, corrompu par les émanations du gaz, affecte la voix de nos acteurs et de nos actrices, les force de s'arrêter au milieu de la plus brillante roulade, et semble flétrir jusqu'à la beauté même (1).

(1) « Imaginez, dit M. Charles Nodier, dont je « me plais à emprunter les expressions, imaginez-« vous tous ces jolis visages éclairés d'une manière « égale, monotone et plate, comme de froides dé-« coupures de papier blanc, sans saillie, sans profil « et sans couleur, sur un plan maussade qui ne fait « pas même valoir, par quelques ombres, le relief élé-« gant des formes et la gracieuse souplesse des atti-« tudes. Quel infernal artifice a donc employé le

« Quelques journaux, nous ont appris que la nouvelle salle de l'Opéra, déjà éclairée par le gaz, serait encore chauffée par la vapeur qui, comme l'on sait, introduite dans la marine marchande, a déjà englouti au fond des mers des cargaisons considérables (1), apparte-

« démon pour enlaidir les femmes? C'est le gaz hy-
« drogène. » *Essai critique*, préface, page 14.

(1) L'agent d'un riche colon de la Martinique voulant faire passer le revenu d'une plantation à son maître qui réside en France, chargea pour une somme considérable, un vaisseau à vapeur, de sucre, café, indigo, et autres productions des îles. Au milieu de la traversée, la chaudière ayant inopinément éclaté, mit le feu au vaisseau, qui peu après sauta en l'air; tout périt, excepté les gens de l'équipage qui, au moment du danger, s'étaient prudemment précipités dans des barques. Par un bonheur inespéré, un brick naviguait à une faible distance; il entendit leur signal de détresse, et sauva les matelots et les passagers.

Note de l'auteur.

« Les machines à vapeur deviendront aussi redou-
« tables en Angleterre que le sont présentement les
« marmites autoclaves, depuis la fin tragique du
« malheureux Naldi. M. Adlam, le charcuitier le plu-
« renommé de Londres, venait de faire construire
« dans ses caves une machine à vapeur, qui hachait
« toute seule la viande dont il composait ses saucis-

nant aux premières maisons de commerce. »

« On n'en ira pas moins, me dit Philoménor, à ce spectacle. Le péril est un nouvel attrait pour ces femmes charmantes, ces élégans qui, malgré les malheurs arrivés presque sous leurs yeux, n'en prenaient pas moins l'an dernier, des bains d'air, en descendant les montagnes Beaujon. Quel philosophe ne dirait pas cependant, ici, avec votre bon La Fontaine :

Fi du plaisir que la crainte accompagne! »

« Hélas! mon cher ami, lui répliquai-je, les fléaux du ciel ne sont-ils pas assez nombreux? Le génie de l'avarice veut-il multiplier

« sons. Il ne cessait de recommander à ses ouvriers « de ne point approcher de la machine avec leurs ta- « bliers; mais ayant négligé cette précaution pour « lui-même, un courant d'air qui résulta de l'ouver- « ture d'une porte, engagea son tablier dans les roua- « ges. Il cria aussitôt au secours; mais avant qu'on « pût arrêter la machine, il était déjà moulu. » *Journal des Débats*, du 23 juin 1821.

« Enfin, la machine à vapeur qui faisait mouvoir « la grande filature de M. Féret, à Essonne, a fait ex- « plosion samedi 12 février 1823. Ce funeste accident « occasiona un dommage considérable. Il a coûté la « vie à deux pères de famille. » *Le Constitutionnel.*

trois périls à la fois? je dis trois, et je compte bien. Malgré toutes les précautions et la vigilance la plus exacte, un incendie ordinaire n'a jamais cessé d'être possible dans une salle presque entièrement construite en bois. L'orgueil de certains économistes désappointés par le miroir de la vérité, que nous sommes à même de leur présenter sans voile et dans le plus grand jour, cet orgueil très-irritable nous condamnera-t-il à périr sous la coupole de nos théâtres, comme l'oiseau sous le dôme de verre de la machine pneumatique? Et après avoir été asphyxiés par le gaz (1), faudra-t-il, pour ménager leur-amour propre, sauter avec la chaudière à vapeur? Qu'on y réfléchisse donc sérieusement, avant de placer les amateurs de musique sur le cratère d'un pareil volcan.» «Cela serait un peu dur, me dit mon Grec; et cependant je le sais, un hôpital, un pa-

(1) En supposant, comme l'ont assuré les novateurs, que le gaz qui éclaire l'Opéra, soit plus épuré que celui de l'Odéon, en raison de l'éloignement du foyer placé à Montmartre, dont il part, et des réservoirs d'eau qu'il traverse, le danger possible d'un tuyau brisé et ses affreux résultats, sont-ils moins présens, sont-ils moins réels?

lais, quatre théâtres, un boulevard, des magasins sont éclairés par le gaz.» «Ah! repris je, combien Paris ne devrait-il pas regretter les millions prodigués sans un prudent examen, pour introduire ce redoutable météore dans ces établissemens, et notamment à l'hôpital Saint-Louis? Ces asiles du malheur et des pauvres infirmes seront-ils long-temps exposés à tous les dangers dont nous avons prouvé l'existence? Seront-ils éternellement éclairés et réchauffés par une lumière aussi malsaine, aussi dangereuse, aussi contraire aux vrais intérêts de la patrie? Tranchons le mot : si comme sous Charles VI, les Anglais étaient maîtres en France, quel coup plus terrible, mon ami, pourraient-ils porter à nos propriétés rurales, à nos manufactures et à notre industrie? (1) »

(1) « Aussi, dit M. Charles Nodier, remarquons-nous que pour populariser le gaz en Angleterre, les chimistes ont fait valoir le rabais dont ce nouveau mode frappait notre commerce et nos importations d'huile et de suif. C'est ce que répète plusieurs fois M. Accum, en nous appelant ironiquement ses amis, et en nous plaignant avec affectation du dommage immense que nous devions ressentir. On voit que c'est

« Mais, répliqua Philoménor, les frais déjà faits pour l'appareil sont énormes! » « Eh! que m'importe, mon cher Grec? L'intérêt particulier ne doit-il pas céder à l'intérêt général? La vie des hommes n'est-elle pas cent fois plus précieuse que des millions d'or dépensés sans réflexion, pour le plus insensé des systèmes?

« Depuis que, par un zèle anti-patriotique, cent machines étrangères ont remplacé les doigts de nos villageoises et les bras vigoureux de nos paysans, que de voix dans nos campagnes ont maudit ces inventions ennemies, qui ont réduit tant de familles laborieuses à la plus affreuse indigence.

« On a vu, sur une surface de plus de soixante lieues carrées, des mères de famille, de jeunes filles rayonnantes de santé, des femmes infirmes qui vivaient honorablement du produit de la filature de coton, mendier leur pain, faute d'ouvrage. Pour compléter ces

véritablement en amis que nous avons servi les intentions de M. Accum, et les Anglais ne sauraient nous accuser de mauvaise volonté. » *Essai critique sur le gaz*, pages 72 et 73.

désastres, qui n'ont guère atteint que le sexe le plus faible, il suffirait d'introduire en France des charrues mécaniques, pour la culture des terres, des semoirs mécaniques pour les bleds et les fourrages, des fléaux, des vans et des cribles mécaniques, pour le battage et l'épuration des grains; enfin des faucilles mécaniques, pour la coupe des prairies, et toute cette prétentaille d'instrumens rustiques, inventés chez une nation rivale, où les grands propriétaires semblent avoir tout fait pour avoir, le moins possible, besoin de la main-d'œuvre de l'indigent. De pareilles inventions, excusables chez un peuple neuf et qui aurait de grands domaines à exploiter, conviendront-elles dans un pays anciennement cultivé, à une nation aussi nombreuse que la nôtre, dont les deux tiers des individus qui la composent, sont employés aux travaux de la campagne, et n'ont souvent, pour toute fortune, qu'un salaire acquis chaque jour par de pénibles efforts, et au prix de leurs sueurs. » « Je pense bien comme vous, reprit le jeune Grec; il est donc évident que les mécaniques de ce genre ne doivent être, pour des Français, que de simples objets de curiosité, propres à compléter votre musée d'arts et métiers; elles peuvent encore servir d'amusemens, mais rien de plus, à quelques agronomes économistes. Il serait absurde de chercher à prouver que l'usage de ces machines, adopté généralement en France, serait aussi immoral, aussi barbare, qu'impolitique. Les résultats d'une invention, quoique étrangère, sont-ils favorables à notre prospérité agricole ou municipale, n'hésitons pas à la naturaliser en France; mais si de fortes raisons ont prouvé que les avantages en sont balancés par des inconvéniens, d'abord inaperçus; si d'épouvantables malheurs ont déjà signalé leur inoculation dans le corps politique, mon ami, rejetons de dangereux procédés, de pernicieuses méthodes, avec l'indignation d'un peuple libre, d'un peuple fait, par la richesse de son sol et par ses propres lumières, pour donner le ton aux autres nations, et non pour le recevoir. »

CHAPITRE XL.

Salle de l'Odéon. — Mesquinerie des décors. — Acteurs tragiques. — *Vêpres Siciliennes*. — Mlle Georges. — Victor. — Mlle Anaïs. — Perrier. — Mlle Millen. — Marivaudage.

De notre dissertation sur le gaz hydrogène, nous passâmes à l'examen de la salle qui nous parut très-belle. « La loge du Roi, reprit Philoménor, serait mieux placée, si les cariatides qui la soutiennent eussent été mises plus en avant ; elle eût été plus convenablement ornée, si l'on y eût ajouté de riches draperies, comme dans les autres spectacles royaux : des peintures dans l'intérieur ont un caractère trop mesquin ; on serait obligé d'y suppléer, si le monarque honorait ce théâtre de sa présence.

« Je crois ne rien avancer de trop, en blâmant cet excès de dorures fausses, ternies comme je vous l'ai dit, par l'influence du fluide ennemi. Il eût mieux valu en mettre moins, et de plus solides. J'en dirai autant de ces ornemens, colifichets fort à leur place, s'ils étaient assez éloignés d'imprudens spectateurs, pour être conservés sans aucune mutilation; c'est un principe dont l'expérience a prouvé le mérite.

Dans les monumens très-fréquentés (1), et sujets par cela même à des accidens prévus, il est très-important que les décors soient plus solides que riches; peut-être donc il eût mieux valu ne pas employer ces bas-reliefs, ces cariatides de plâtre ou de carton doré, et y substituer un petit nombre de statues de marbre ou de bronze, et quelques colonnes en granit, en stuc, en toile moirée. Cela, j'en conviens, eût coûté un peu plus cher, eût offert au premier moment moins de clinquant, mais aurait duré des siècles, et vous eussiez utilement imité les nations antiques dont les glorieux travaux ont survécu à tant de révolutions diverses. »

Nous avions écouté la tragédie avec la plus scrupuleuse attention. « Déjà comme vous avez vu, mon cher ami, les acteurs du second

(1) Représentations gratis, à l'Odéon.

théâtre Français ont abordé, avec le plus grand succès, les rôles de Saint-Prix, de Talma et de Lafon; et les *Vêpres Siciliennes*, cette tragédie éblouissante de fraîcheur et de jeunesse, a développé les talens les plus brillans. Joanny, Eric-Bernard ont été éminemment tragiques. » « Oui, j'en tombe d'accord avec vous, reprit Philoménor; mais si les acteurs ont laissé peu à désirer, en a-t-il été ainsi des actrices? Quelques-unes ont fait des efforts: de grands bras étendus, des convulsions, une mort subite, une résurrection plus soudaine, tout cela afflige et console un public bénévole et sensible; mais ne satisfait pas entièrement des connaisseurs sévères. Il faut des nuances marquées dans les transitions; je l'ai appris de vos grands maîtres: on doit sur la scène s'évanouir avec art; reprendre un peu plus lentement ses sens, et surtout après une défaillance simulée, un *je me meurs* désespérant, ménager davantage ses forces, et ne pas courir aussitôt sur le parquet comme une bacchante du mont Ida; enfin, la douleur, ce me semble, doit avoir une expression plus vive après la catastrophe qu'avant les événemens qui la précèdent. Des gémissemens, des cris même auraient été dans la nature, et auraient dû remplacer ce muet désespoir lorsqu'Amélie voit périr de la même épée son amant et l'époux auquel son frère expirant l'avait unie. Malgré les défauts indiqués et ces utiles censures, l'actrice chargée de ce rôle a néanmoins de la beauté, de l'intelligence, de l'énergie et du sentiment; et l'on doit, je crois, attribuer ces imperfections plutôt à l'inexpérience et au peu d'usage de la scène, qu'à l'absence des talens dramatiques.

« Que dire de l'immobile suivante dont les bras croisés, le regard bénin, la modeste et paisible contenance, faisaient un si plaisant contraste avec les évolutions théâtrales de la tragique princesse ? La part de la critique faite, je finirai par convenir que cette suivante a passablement déclamé les récits semés dans la pièce. Ce théâtre est dans ce moment très-riche en princesses; et, il faut l'espérer, le deviendra davantage encore. Plusieurs, telles que Mlles George, Guérin, Dérudder, Petit, Wenzel, Gersay, ont ceint le diadême avec une distinction marquée.

« Pendant un temps, l'apparition d'une cantatrice du grand Opéra, Mlle Percillé (1), sur la scène du second théâtre Français, aurait dû rassurer par ses talens, les amateurs de l'art, sur l'existence de la nouvelle troupe. Seulement, j'eusse désiré que cette actrice eût eu un peu plus de fierté dans la position de sa tête, et que la dignité de ses attitudes secondât davantage son admirable organe; alors elle eût pu compter sur des applaudissemens mérités, si elle fût restée à ce théâtre. Malgré cette foule de jeunes rivales qui se disputent ici le sceptre tragique, je trouve que l'on a beaucoup trop tardé à séduire la belle reine de Messène ou de Babylone; et certes, la prospérité de ce théâtre exigeait que l'on tirât plus tôt cette souveraine fugitive de sa vie errante et proscrite, pour la placer sur le trône de l'Odéon. En supposant, comme on l'a dit, que cette princesse demandait des tributs exagérés, l'affluence des spectateurs eût bientôt dédommagé la direction des sacrifices qu'elle aurait faits. Félicitons-nous, puisque cette actrice transçendante a triomphé des

(1) L'exemple en fut d'abord donné par Mme Paradol.

obstacles que lui opposait l'envie et la crainte d'une dangereuse rivalité. Après avoir long-temps perdu l'espérance de revoir les grands talens des Dumesnil et des Clairon, soutenus par le prestige d'une beauté majestueuse et les accens les plus véritablement tragiques, cette précieuse acquisition donne à l'Odéon une Athalie, une Agrippine, une Zénobie, et peut-être une Monime, qu'on revoit si rarement au premier théâtre, rôle qui fit autrefois couler tant de pleurs, et qui sans doute aura pour le public toute la fraîcheur de la nouveauté.

« Depuis que l'Odéon a le bonheur de posséder une actrice aussi parfaite, comment l'administration a-t-elle pu laisser s'éloigner Victor, l'espoir de la scène, Victor qui avait écrit sur son art (1), et qui suivait si heureusement les traces de l'inimitable Talma? Excepté Eric-Bernard et Joanny, Victor est peut-être le seul de la troupe, qui ait, malgré la faiblesse de sa constitution, une figure véritablement tragique; on l'a remplacé par David; mais, malgré ses moyens

(1) *Idées sur les deux théâtres Français.*

et son énergie, le physique de David convient-il aux rôles remplis par Victor ? et puis David restera-t-il ? Ce n'était donc pas un renvoi sec, des reproches intempestifs, et, si l'on en croit certains bruits, une diminution de traitement, qu'il fallait signifier à cet intéressant acteur. On lui devait au contraire des encouragemens, ce qu'on appelle des feux, en termes de coulisses : il serait donc opportun de revenir promptement sur une décision aussi imprudente qu'irréfléchie, et de ne pas priver la capitale, par un exil volontaire en Belgique, d'un talent aussi utile que justement apprécié. »

Le rideau s'était majestueusement baissé; nous fûmes les derniers à quitter la salle et les foyers d'hiver et d'été. « Je suis très-content des acteurs de la comédie, me dit Philoménor, ils donnent les plus heureuses espérances. » « Parmi les jeunes amoureux, repris-je aussitôt, vous aurez cru, comme moi, deviner les talens, peu saillans encore, de quelque élégant Molé, ou de quelque sémillant Fleury, dont vous n'avez qu'entendu vanter le mérite, et que plus d'une fois j'ai eu le plaisir d'admirer. En dépit des tracasseries dont elle a été plusieurs fois la victime, Mlle Anaïs deviendra le diamant de l'Odéon, et sera très-bien doublée par Mlle Wenzel; et, comme ce théâtre doit être l'asile des talens persécutés, je suis étonné de n'y pas voir encore Mlle Valette, qui fut d'abord si lestement éconduite du premier théâtre, pour avoir eu l'impudence d'y obtenir quelques succès! On ne sait comment qualifier les suites d'une aussi sotte rivalité. Par leur jeu franc, naturel et mordant, Perrier, Dellemence, Lafargue, David, Samson, Mmes Dutertre et Milen, sont ici les dignes émules des Michelot, des Baptiste, des Monrose, des Leverd et des Demerson. Que ne sommes nous en position, ajoutai-je, de hasarder quelques conseils au nouveau directeur? Il serait sage peut-être de ne pas abandonner toutes les pièces de l'ancien répertoire; et, si j'en fais l'observation, c'est parce qu'il me paraît qu'on en a mis beaucoup à l'écart. Au premier théâtre, on joue *la Belle Fermière*, *les Trois Sultanes*, pièces mêlées de musique et de couplets; quoi! certains vaudevilles, tels que *la Maison en loterie*, seraient-ils au-dessous de la dignité de l'Odéon? Les plaisirs de la scène seraient plus variés dans un quartier très-éloigné des spectacles lyriques. Par contre-coup, je connais un écueil important à signaler à l'administration : qu'on évite de jouer aussi souvent du marivaudage, que des talens consommés peuvent seuls faire valoir : vous m'entendez ; si cet avis eût été donné et suivi, la salle de l'Odéon n'eût pas quelquefois retenti de ces sifflets aigus, l'effroi des auteurs et des artistes.

CHAPITRE XLI.

Embarras de Philoménor au sortir du spectacle. — Quinquets réflecteurs. — Nouveaux anathèmes contre certaines expériences. — Moyens de faire disparaître les abus. — De la voierie de Paris. — Nouvelles attributions de l'inspecteur des monumens et des compagnies à ses ordres. — Leur formation, leur organisation, leur traitement, leur occupation journalière. — Extinction de la mendicité en France.

En descendant les marches du vestibule, nous eûmes lieu de nous repentir des délais que nous avions mis à sortir du spectacle; les nuages du matin s'étaient fondus le soir en une forte rosée; en un instant toutes les voitures avaient été mises en réquisition, et nous n'en trouvâmes plus, pour nous conduire à notre hôtel. Ce petit contre-temps était la suite d'une habitude contractée par Philoménor qui, pour mieux voir Paris (1), allait souvent à pied, et qui, ce jour-là,

(1) Il y a tout lieu de croire que l'inexactitude des

avait renvoyé son landau. Fatigué par une marche forcée, obligé de souffrir la pluie dont son costume oriental le garantissait peu, il se plaignait hautement de l'intempérie de la saison, et plus encore de la faible lumière qui éclairait sa marche. « Encore, si aux anciens réverbères, disait-il, on n'eût pas substitué ces quinquets nouveaux, ces quinquets prétendus économiques, Paris, dans certains quartiers, ne serait pas illuminé, comme l'est, dans un clair de lune, la forêt de Bondy. Pour moi, sans courir après une perfection imaginaire, qui n'existe, à parler vrai, que dans la tête des hommes à grands projets, je ferais volontiers un arrangement qui offrirait la plus heureuse compensation. Que les quinquets réflecteurs soient transportés dans l'intérieur de l'Odéon, où les demi-jours sont si précieux et si favorables pour certaines beautés, et que le gaz hydrogène proscrit de l'enceinte de ce théâtre, soit uniquement employé au-dehors. Dédaignerait-on les justes terreurs que j'ai voulu vous inspirer? s'obsti-

relations des voyageurs tient, en partie, en ce qu'ils ne vont pas assez à pied. *Voyage de Kang-ki*, t. 2, p. 15.

nerait-on à conserver l'usage de ce fluide délétère? au moins l'air peu comprimé des rues et des places corrigerait, en cas d'accidens, ses perfides résultats. »

Philoménor finissait à peine, que son brodequin hellénique glissa sur un tas de sables et de décombres que l'obscurité l'avait empêché d'éviter : par bonheur il s'était appuyé sur mon bras qui le garantit d'une chute plus dangereuse que celle du matin. « C'est trop en un jour, lui dis-je en riant. » « Maudites soient les expériences! reprit le jeune Grec, lorsqu'elles sont aussi nuisibles à la sûreté individuelle! » « Cette sûreté, lui répondis-je, est pourtant plus sérieusement compromise depuis la suppression du guet à pied et à cheval, remplacé pendant longtemps par la garde nationale. A vrai dire, quelques escouades de gendarmerie, quelques patrouilles de troupes de ligne, trop peu nombreuses, représentent faiblement cette sage institution, au centre de la capitale et dans les rues où passent les approvisionnemens de Paris. Mais à peine en rencontre-t-on dans certains quartiers, déserts avant dix heures du soir, quartiers qui conséquemment exigeraient une surveillance plus sévère, tels que les faubourgs Saint-Germain, Poissonnière, Montmartre et de la Chaussée-d'Antin. Aussi n'est-il pas rare d'y voir les piétons arrêtés impunément, et les vols extrêmement fréquens : aussi les secours y sont-ils lents et tardifs, et quelquefois nuls, s'il survient une rixe, si un incendie se déclare : souvent les soldats du poste voisin accourent lorsque le bandit est échappé ; souvent les pompes arrivent, lorsque le mobilier de tels petits propriétaires est à demi brûlé; malheurs qui certainement n'auraient pas lieu, en mettant plus de troupes en circulation pendant la nuit, et surtout en triplant le corps de gendarmerie, destiné à la garde intérieure de la ville. La mesure que je propose, mon cher ami, ne peut être rejetée par des motifs d'économie ; elle ne peut déplaire qu'aux malfaiteurs et aux filous. Ils sont les seuls intéressés à croire suffisans les moyens de répression dont l'absence se fait remarquer en mille endroits différens. » « Vous avez bien raison, reprit Philoménor ; mais pour compléter invariablement votre système, je voudrais que cet ami des arts, que cet inspecteur, chargé de la conservation de vos monumens, eût aussi dans ses attributions la haute police de la voierie de cette capitale. En effet, par suite de la plus mauvaise organisation, j'ai remarqué que le service des voitures de propreté, et le travail des ateliers préposés à l'enlèvement des neiges et des immondices, et en général au nettoyage des places et rues de Paris, étaient toujours imparfaits. On a pu même se convaincre que, long-temps après le départ des travailleurs, l'atmosphère est imprégnée de miasmes putrides qui s'exhalent des ruisseaux fangeux que les balayeurs remuent en les faisant écouler, inconvénient auquel il serait facile de remédier, en faisant suivre des pompes ou tonneaux pleins d'eau, qui, mises en jeu par un second atelier, perfectionneraient un travail à peine ébauché, dans les endroits où les bornes fontaines (1) ne sont pas encore établies. Pour entretenir

(1) Il est bon de faire observer, en passant, que le mauvais choix des tuyaux souterrains, très-souvent rongés par la rouille, avant d'avoir servi, oblige cinq ou six fois par an d'y faire des réparations; ce qui rend impraticables, même en été, pour les piétons, certaines rues où ces bornes fontaines sont placées.

donc invariablement une propreté non interrompue dans Paris, je voudrais, qu'en payant une légère rétribution, chaque propriétaire de maison et d'hôtel fût entièrement déchargé de tous soins à cet égard, et fût uniquement obligé de faire déposer, une seule fois chaque matin, à sa porte, tous les débris inutiles du ménage, qui seraient de suite ramassés et enlevés par une corporation divisée en douze compagnies, correspondantes aux douze arrondissemens de Paris, sous la conduite de sous-inspecteurs responsables, et surveillés par les commissaires de police. Ces sous-inspecteurs seraient susceptibles d'être cassés par l'inspecteur des monumens, dont ils dépendraient, si leur devoir n'était pas strictement rempli. Les douze compagnies, dont l'existence et le maintien seraient assurés par le modique impôt que j'ai proposé d'établir, se composeraient de tous les ouvriers indigens et sans ouvrage. En hiver, leur nombre augmenterait, suivant leurs besoins ; mais ne serait jamais assez diminué pendant l'été, pour laisser en péril la salubrité publique, ou négliger, dans le moindre quartier, une propreté nécessaire dans toutes les saisons de l'année. Avec une pareille institution, nos places publiques ressembleraient enfin aux cours des Invalides, où jusqu'aux moindres herbes parasites, sont scrupuleusement extraites ; on n'y verrait plus ces lisières de prairie, qui donnent aux quartiers les plus fréquentés (1) cet air d'abandon que l'on remarquait si tristement, pendant la révolution, dans quelques belles rues du faubourg Saint-Germain ; et les gazons destinés à la décoration des places Louis XIII, Louis XV, sans cesse épurés, roulés, tondus, arrosés, conservés enfin par l'active vigilance des sous-inspecteurs de la compagnie, qui en feraient soigneusement entretenir les clôtures, aujourd'hui *presque nulles*, ne seront plus exposés à ces dégradations journalières, qui en ôtent tout l'agrément et la beauté (2).

(1) Cour du Louvre.

(2) On n'a pas de fonds pour défendre ces gazons par des grilles en fer, a dû répondre M. le préfet de Paris, à son Excellence Monseigneur le ministre de l'intérieur, qui l'avait fait engager par une lettre à

« Par des moyens aussi simples et d'une exécution si facile, quel bien n'aurions-nous pas fait si nos projets étaient favorablement écoutés du gouvernement! surtout en supposant que les règlemens de cette corporation formée dans Paris fussent adoptés par les autres municipalités du royaume. Qu'on ne regarde pas mon plan comme chimérique, impraticable et peut-être hérissé de mille difficultés; l'essai en a déjà été fait dans de petites communes et avec le plus grand succès (1). »

« Naguère, reprit mon Grec, en proposant de multiplier les hospices et les hôpitaux pour les vieillards des deux sexes, ainsi que pour les pauvres infirmes (2), et d'organiser des

remplir cette condition, expressément convenue et exigée, lorsqu'on ensemença ces pièces de verdure sur la place Louis XV; mais si M. le préfet n'a pas de fonds pour des grilles en fer, n'aurait-il point au moins les moyens d'y faire établir provisoirement des barrières en bois, capables de garantir ces prés artificiels d'une entière destruction?

(1) La charité n'aurait plus à soulager que les infirmes et les malades.

(2) Mesure qui n'exclurait pas les secours à domicile, que nous sommes bien éloignés de proscrire.

travaux perpétuels dans nos grandes cités pour tous les indigens valides, nous aurons, à l'aide de cette double mesure, rendu le service le plus important à la société. Les indigens laborieux, et l'on n'en souffrira point d'oisifs, auront désormais une existence assurée, fondée sur la libéralité du riche, qui chaque jour, jouira du fruit des travaux qu'il aura si utilement payés; et, sous un autre aspect, nous aurons donné le coup de mort à la mendicité, cette hydre aux cent têtes, qui par l'oisiveté, mère de tous les vices, dont elle jouit, avilit non-seulement l'homme jusqu'à ses propres yeux, mais le rend trop souvent éminemment propre à servir tous les excès, tous les crimes, toutes les factions. Oui, nous aurons anéanti la mendicité, ce fléau presque indestructible, cette maladie du corps politique, jusque là pour ainsi dire incurable, et qui peut cependant, si on le veut sérieusement, être facilement extirpée chez un peuple aussi bienfaisant qu'humain et sensible.

« Que le repos de la nuit, dis-je à mon ami, en nous séparant, que le repos de la nuit doit être doux lorsque, comme nous, on finit sa journée, par des plans et des vœux pour le soulagement des misérables. Ces projets, ne fussent-ils que des rêves, sont ceux de la vertu?»

CHAPITRE XLII.

Description d'un des cafés de Paris. — Limonadiers, garçons servans. — Les cristaux, la brillante argenterie, les moellons de sucre ne doivent pas séduire. — Cafés lyriques. — Ce genre a peu de succès à Paris. — Café Italien. — Tortoni, sa prospérité.

Quelques jours après, je rencontrai Philoménor dans un café, où je savais qu'il avait la constante habitude de déjeûner. Rien n'égalait les riches ornemens du salon ; des colonnes légères, environnées de feuilles de chêne, y soutiennent des casques de toutes les armes. Des trophées militaires, en bas-reliefs dorés, y couvrent les lambris ; les cuirasses et les boucliers, les trompettes et les glaives s'y croisent en faisceaux sur des couronnes de laurier. Tout y rappelle les triomphes de la victoire et le doux repos qui la suit. Tout y retrace de grands souvenirs, tout enfin y élève l'âme. A peine étais-je assis dans cette espèce de temple de Mars, que le moka d'Asie nous fut abondamment versé, avec la crême la plus exquise des environs de Paris. « Cet avantage doit être apprécié, dis-je à mon ami, car il est rare. Que de piéges sont tendus chaque jour à la curiosité, à ce penchant insatiable des Parisiens pour la nouveauté! Que ne fait-on pas pour s'attirer des pratiques? Celui-ci fait pompeusement annoncer dans les journaux ses pains de sucre de toutes nuances, les plus jolis du monde (1); celui-là, son incomparable tableau, sa Vénus arrivée de Sicile (2); l'un son escalier sans pareil (3); cet autre le trône d'une ci-devant majesté (4). Un plus rusé doit vous faire servir par Calypso et ses Nymphes, dont l'île se trouve au troisième étage d'un palais très-connu. Enfin, chez la plupart des limonadiers vous êtes frappé par un luxe recherché. L'or y est prodigué sans mesure; des arabesques de cent couleurs, des peintures rares, des granits précieux, des statues de marbre, des lustres étincelans, des

(1) Quais.

(2) Rue Dauphine.

(3) Sans l'emploi du fer, rue Saint-Louis, au Marais.

(4) Quartier Saint-Denis.

buffets d'argenterie magnifiques y sont répétés dans des glaces sans nombre, qui maintenant ont remplacé toutes les antiques boiseries. Par dessus tout, et c'est le point essentiel, l'entrepreneur, si sa femme est laide ou vieille, a toujours grand soin de placer au comptoir une jeune et jolie personne pour attirer et fixer les curieux; à cet effet, indépendamment de forts appointemens, on lui fournit le négligé du matin et la brillante toilette du soir; et, comme ordinairement tout est d'emprunt, les habitués ne voient presque jamais cette nouvelle Hébé sous les mêmes atours. Tous les soins de cette beauté se bornent à recevoir l'argent avec un sourire gracieux, et à surveiller le service de jeunes garçons, attentifs à exécuter ses ordres, et à distribuer, dans d'élégantes soucoupes, des blocs énormes de sucre qui accompagnent la libation dont Mme de Sévigné croyait qu'on se dégoûterait promptement. Avec ces antécédens, le propriétaire est certain d'avoir tout préparé pour réussir. En peu de temps, il s'imagine faire la fortune la plus rapide, et l'époque de sa retraite est fixée d'avance. Cependant, quelquefois chez lui, le surperflu abonde, et, par le calcul le plus mauvais et le plus absurde, on y voit manquer le nécessaire. Son café n'est souvent que de l'eau noire, dont la chicorée est la base ; sa crême fine est un lait coupé d'eau et safrané par de secretes préparations; son chocolat d'Espagne sent la fève de marais, la fécule de pomme de terre ou l'amende de Provence; et ses moellons de sucre des îles, sont le produit des betteraves indigènes, combinées avec une faible portion de canne des Antilles. Cependant, le palais du connaisseur exercé a trahi la fraude, a révélé la supercherie; il avait été alléché par un appât trompeur; honteux d'avoir été dupe d'un charlatanisme patent, petit à petit le public désabusé abandonne un salon qui bientôt n'est plus fréquenté que par les amis de la demoiselle du comptoir; et il finit par retourner, si je puis m'exprimer ainsi, à ses vieilles amours; il y retrouve moins de faste, moins de prodigalité apparente; on lui sert peu; mais, ce qui vaut mieux, on le lui donne bon. En effet, qu'importent ces porcelaines transparentes, fussent-elles peintes par madame Jacquotot, qu'importent ces bols de vermeil, ces flacons et ces petits verres de cristal de roche, fussent-ils sortis des ateliers de Cahier et des magasins de Désarnaud; qu'importe ce luxe fastueux au vulgaire des amateurs, qui ne demande que des vases d'une grande propreté, du café pur et bien choisi, des liqueurs naturelles, du Madère et du Porto, qui ne soient pas fabriqués par les chimistes de Paris. Conditions simples, qui eussent obtenu et conservé la confiance que la déloyauté fait perdre. » « Preuve sans réplique, me dit Philoménor, qu'on gagne toujours à mettre de la droiture dans toutes ses actions. Peut-être un entrepreneur réussirait-il mieux dans ses opérations en donnant à son local la coupe et les décors des cafés d'Italie, et en y réunissant, comme dans d'autres grandes villes, un concert perpétuel et un petit spectacle. » — « L'essai, mon cher Grec, en a été fait plusieurs fois à Paris et presque sans succès. Toutefois, remarquez bien, comme je vous l'ai déjà dit, qu'il y a peu de pays où la curiosité soit aussi vive, aussi facile à éveiller, et surtout où l'industrie s'occupe plus constamment à l'alimenter sans cesse. Eh bien! je puis vous assurer que les établissemens de ce genre n'ont guère eu de vogue que dans les faubourgs, et point au centre de la capitale ; le fait est constant ; j'en fus d'abord tout aussi surpris que vous. Près des Bains chinois, j'ai vu s'ouvrir un édifice pompeusement annoncé et distribué dans l'intérieur, sur le modèle des cafés les plus brillans de Florence et de Milan. On n'avait rien négligé pour amorcer la foule; l'escamoteur succédait au petit opéra, au petit opéra le concert exécuté par plus de trente musiciens, chanteurs et chanteuses. On avait fait venir une très-belle Italienne, que l'on n'apercevait qu'à travers des bouquets de fleurs et des candélabres d'or placés sur un bureau, chef-d'œuvre de sculpture. Cette étrangère était resplendissante de diamans, et parée comme une reine sur son trône dans un jour de réception ; les payens l'eussent prise pour une divinité. Presque tous les objets fournis étaient bons et d'un prix assez élevé pour éloigner, journellement au moins, les petits consommateurs : le beau monde s'y porta d'abord ; aux jours de fête, le peuple y survint. Quelques filles s'y établirent ; les femmes honnêtes ne voulurent plus y entrer ; la bonne société prit insensiblement sa volée ; Tortoni était plein ; le café Italien désert. Escamoteurs, acteurs, musiciens étaient étonnés de jouer pour une demi douzaine d'auditeurs et même quelquefois pour les banquettes. Enfin, un certain jour, le propriétaire fut obligé de tout renvoyer et de fermer un salon que j'ai vu depuis se métamorphoser en entrepôt de curiosités et de raretés de toute espèce. Les bonnes mœurs gagneraient beaucoup, sans doute, si quelques cafés, réceptacles impurs de tout ce que Paris renferme d'intrigans et de femmes corrompues, avaient la même destinée et recevaient le même emploi.

CHAPITRE XLIII.

Obstacles qui s'opposent aux succès des cafés chantans. — Sociétés. — Théâtre Italien. — Vaudeville. Salle, décorations, actionnaires. — Acteurs. — Raison de la décadence de ce théâtre. — Gonthier. — M. Désaugiers. — Gravelures. — Claqueurs soldés.

« D'AUTRES obstacles péremptoires empêcheront ce genre de réunion de prendre à Paris, ce sont les sociétés particulières où, dans les soirées d'hiver, les plaisirs se rencontrent avec plus de variété et d'agrément. Quand on aime les spectacles, on supporte ici difficilement la médiocrité : on veut du parfait ; et nos petits théâtres laissent peu à désirer sur ce point. Veut-on de la bonne, de l'exellente musique, Louvois satisfait souvent les *dilettanti* les plus difficiles ; aussi la salle, convenablement disposée pour des concerts, est-elle trop petite pour les nombreux amateurs. Il faut l'espérer, la salle de la rue Pelletier pourra servir un jour d'asile aux Orphées et aux syrènes de l'Italie, lorsqu'on aura construit pour la France une salle d'Opéra digne d'elle, une salle solide et véritablement nationale.

« Depuis le départ de l'incomparable cantatrice qui doit se fixer parmi nous, et nous faire entendre encore cette voix unique, cette voix céleste, cette voix qui seule valait un orchestre, le théâtre Italien a repris en détail ce degré de perfection qu'il avait sous le règne de ce tyran musical qui semblait écraser tout ce qui l'environnait, je veux parler de Mme Catalani. La troupe actuelle, par la réunion de MM. Pellégrini, Galli, Bordogni, Barilli, Le Vasseur, Garcia, et de Mmes Pasta, Cinti, Demeri, nous a rappelé pendant quelques momens ces beaux jours où Mme Barilli nous ravissait par ses accens toujours si justes, si purs et si brillans. Plaisirs, hélas! trop rapidement disparus! pourquoi sommes-nous condamnés à regretter toujours les acteurs les plus chéris du public? Nous avions perdu Porto, Mme de Beignis dont les sons étaient si doux, si veloutés; et dix-huit mois après, Naples nous ravit Mme Fodor, que ni Mlle Corri, ni Mme Bonini n'ont pu faire oublier. Si le Vésuve ne nous prive pas pour toujours de son talent, il ne manquerait plus à ce théâtre que quelques jeunes soprano (1) pour être au complet et devenir le premier de l'Europe.

« Veut-on se distraire d'occupations sérieuses par des scènes piquantes et pleines de gaîté, le Vaudeville, ce théâtre éminemment national, tel que l'a peint si ingénieusement le législateur du Parnasse, (2) est, comme monument, un des plus commodes et des plus jolis de la capitale ; il est fâcheux que cette salle n'ait pas un frontispice plus apparent, et soit placée sur deux rues si étroites, que sans l'indicateur et les affiches, l'étranger y chercherait long-temps ce petit spectacle. Cet inconvénient léger est balancé par d'agréables compensations ; on descend à couvert ; des trottoirs élevés garantissent les personnes à pied de tous les dangers causés souvent ailleurs par l'entrée ou la sortie des

(1) Il en existe maintenant en Italie.

(2) Le Français, né malin, créa le Vaudeville,
Agréable indiscret, qui, conduit par le chant,
Passe de bouche en bouche, et s'accroît en marchant ;
La liberté française en ses vers se déploye.

Art poétique, chant 2.

voitures. La coupe de l'intérieur de la salle est parfaite : les peintures sont d'un genre élégant et gracieux. On pourrait désirer que la scène fût plus profonde, que les décorations eussent plus approché de la nature et produit un effet plus magique (1). Pour ne pas mériter à l'avenir ces reproches fondés, le Vaudeville employerait avec succès quelques-uns des moyens que nous avons indiqués pour Feydeau.

« Un vice très-marqué s'est introduit dans l'administration du Vaudeville, qui, sans la mesquine parcimonie des actionnaires, aurait eu constamment une société complète d'excellens acteurs. MM. Henri, Fontenay, Gonthier, Philippe, Joly, Guénée, Isambert, Mmes Bodin, Hervey, Perrin, Rivière, Minette, Bras, lorsqu'ils y étaient réunis, en ont été la preuve. Presque tous avaient, et même ont encore, un naturel exquis ; et les griefs reprochés aux propriétaires de ce théâtre sont d'autant plus crians, que ces éloges sont mérités. A-t-on applaudi une

(1) Comme dans la Vallée de Barcelonnette, où de vieilles décorations ne produisent plus d'effet.

jeune actrice dont le chant pur, l'excellent ton, font les délices des amateurs, et tout le monde désignera avec moi cette Perrin, qu'une mort prématurée a ravie depuis à l'art dramatique ; on lui fait éprouver des dégoûts, on lui refuse des appointemens convenables, et on l'éconduit à l'improviste, malgré les regrets du public indigné. Gonthier sollicite une augmentation de pension, il est balloté pendant plusieurs jours, et tous deux vont soutenir et accréditer un théâtre rival, le Gymnase, par une célébrité justement méritée. Joly, l'inimitable Joly, n'avait, disait-on, plus de mémoire pour apprendre de nouveaux rôles ; mais certes il n'avait pas oublié ceux qu'il savait et qu'il jouait si parfaitement ; on l'a renvoyé, et il n'en a pas moins prouvé aux habitués d'*Argyle Rooms*, à Londres, dont il a fait les délices, qu'il avait parfaitement conservé cette faculté si précieuse. On ajoute même que le semi-Normand, devenu tout-à-coup docteur, a guéri du *spleen* six honorables *gentlemen* (1). Heureusement, après une trop longue absence, Joly est remonté

(1) Constitutionnel du 20 mars.

sur la scène de la rue de Chartres, et l'on peut regarder la rentrée de cet acteur comme une bonne fortune pour le Vaudeville qui, sans des renforts aussi puissans, toucherait à sa décadence. Ceux qui ne connaissent pas Paris, me croiront difficilement. De la conservation de Gonthier, d'un seul acteur, dépendait pourtant la destinée de ce petit théâtre; cela s'explique : l'ensemble a été long-temps manqué; avec ce jeune amoureux il était parfait. En vain a-t-on cherché et présenté au public des sujets pour le remplacer, jusqu'ici on n'a pu entièrement réussir. Malgré les couplets spirituels d'un *Concert d'amateurs*, de *Pierre, Paul et Jean*, de *la Suite du Folliculaire* de *la Lanterne*, de *la Dame des Belles Cousines*, de *la Maison de Plaisance*, de *la Pauvre fille*, malgré tout l'appareil des décors, la foule, appelée quelquefois par la curiosité, s'éclipse trop souvent, et rarement la caisse se remplit. Ajoutez encore que, sans cet acteur, beaucoup de pièces charmantes, telles que *Une Visite à Bedlam*, les *Deux Edmon*, *la Somnambule*, étant mal montées, n'attireront personne, et seront définitivement rayées du répertoire.

« Grande leçon pour les grands et petits théâtres ! ce qui prouve combien il est intéressant pour eux de se ménager d'avance, pour les différens rôles, d'utiles remplaçans, et de ne jamais céder aux basses jalousies, aux rivalités puériles de certains chefs d'emploi, qui cherchent trop souvent à éloigner, par mille dégoûts, les doublures dont les jeunes talens les offusquent. Si en pareils cas les directeurs ne montrent pas une équitable fermeté, tôt ou tard ils n'échapperont que difficilement à la dépendance d'acteurs exigeans qui connaissent leur importance, et en abusent.

« Lorsqu'on vit à la tête de cette administration un auteur célèbre, qui avait tant de droits à l'estime et à l'admiration des gens de lettres, parmi lesquels il tient un des premiers rangs, les hommes d'un goût éprouvé regrettaient que M. Désaugiers n'eût qu'une seule voix dans le comité, et n'obtînt pas une influence plus directe pour l'admission des pièces. Avec le jugement sain que nous lui connaissons, et que nous avons été à même d'apprécier, les ouvrages dramatiques, choisis avec un tact plus sûr, y auraient éprouvé des chutes moins fréquentes, que certains auteurs doivent bien plutôt attribuer à la nullité d'intrigue (1) et à des bouffonneries cyniques et révoltantes, qu'à la malveillance et à l'esprit de parti. »

(1) Que le nœud bien formé se dénoue aisément;
Que l'action marchant où la raison la guide,
Ne se perde jamais dans une scène vuide.

Art poétique.

CHAPITRE XLIV.

Théâtre des Variétés. — Acteurs. — Potier, Vernet, Tiercelin, Bosquier-Gavaudan, Le Peintre, Mmes Flore, Gonthier, Pauline, Jenny-Vertpré. — Façade grecque. — Intérieur de la salle. — Pièces. — Réforme. — Claqueurs.

« Les mêmes censures doivent être adressées aux administrateurs du théâtre des Variétés, mais avec plus de ménagement.

« En vain de jeunes acteurs ont essayé de doubler les rôles créés par l'inimitable Potier ; quoiqu'ils montrent beaucoup de talent dans d'autres pièces, ils ne sont que la caricature du farceur par excellence ; il semble que le privilége de copier certains personnages lui soit exclusivement accordé. Ce théâtre est donc sa vraie place, parce qu'il s'y trouve éminemment favorisé par les alentours ; et son émigration lui est aussi préjudiciable qu'à ses anciens camarades. Loin de Potier, Brunet pâlit ; et sa spirituelle niaiserie fait beaucoup moins rire qu'autrefois. Tiercelin et Bosquier-

Gavaudan n'ont jamais, il est vrai, déserté la scène; et leur jeu, lorsqu'ils descendent même aux plus bas étages de la société, ressemble à ces peintures où la nature est prise sur le fait. Où trouvera-t-on un intrigant, un babillard plus vif, plus pétillant, plus actif que Lepeintre? Des écailleuses, des Savoyardes, des Marie-Jobard, des Reinette, et des cuisinières plus originales et plus plaisantes que Mmes Flore, Gonthier, et Chaldos? des ingénues, des amoureuses plus vraies, plus naïves que Mlles Pauline et Jenny-Vertpré? De jeunes sujets, je l'ai déjà fait entrevoir, donnent beaucoup d'espérances. Vernet se métamorphose et se grimme à ravir. Il se montre tour-à-tour l'amoureux le plus tendre et le plus aimable; dans d'autres pièces, c'est un vieillard cacochime et grondeur, ou quelquefois un bossu chagrin et maussade. Je lui conseillerais seulement de mettre dans son air, dans sa tenue, dans sa diction un peu plus de dignité, un peu plus de noblesse lorsqu'il représente les grands seigneurs ou les élégans de la haute société.

« La façade de la salle des Variétés et son péristyle grec sont dans le meilleur genre. Ses décors intérieurs sont d'une élégance séduisante; mais depuis sa restauration l'on se plaint d'être mal à son aise dans les loges, par suite du mauvais système de vouloir toujours multiplier les places et conséquemment les recettes, aux dépens de la commodité publique. Ajoutons quelques conseils dont pourront également profiter les théâtres du premier ordre. Il serait bon que partout messieurs les directeurs se fissent un devoir d'élaguer de leurs pièces ces gravelures qui les déparent, et qui souvent, même aujourd'hui, sont sifflées au théâtre. »

« J'en suis témoin, reprit Philoménor; malgré la gaze qui les couvre, elles n'en sont pas moins aperçues. Et d'ailleurs un mot grivois, eût-il tout le sel attique, c'est toujours obtenir une gloire frivole et honteuse, quand on l'achète aux dépens des mœurs, comme l'a dit un de vos poètes que je me plais à vous citer :

J'aime sur le théâtre un agréable auteur,
Qui sans se diffamer aux yeux du spectateur,
Plaît par la raison seule, et jamais ne la choque ;
Mais pour un faux plaisant à grossière équivoque,
Qui pour me divertir n'a que la saleté,

Qu'il s'en aille, s'il veut, sur deux tréteaux monté,
Amusant le Pont-Neuf de ses sornettes fades,
Aux laquais assemblés jouer ses mascarades.

Art poétique, chant 3.

D'ailleurs enfin, d'après le ton qui règne dans vos meilleures sociétés de Paris, je garantis aux auteurs pudiques un succès plus parfait. »

« Je crois encore, repris-je, qu'il serait bien temps de mettre un terme à ces applaudissemens salariés dont quelques étrangers sont les seules dupes. Si cette observation est juste, ne devrait-on pas réformer ces flatteurs à gages, dont les battoirs sont au plus offrant, et dont les claques intempestives assourdissent les spectateurs, qu'ils empêchent de jouir, en silence, d'une belle tirade, d'un couplet ou d'un pas charmant? Que MM. les auteurs et acteurs en soient bien avertis; souvent le zèle imprudent de ces auxiliaires inconsidérés a plus d'une fois veillé l'envie qui semblait sommeiller, et compromis leurs plus chers intérêts. Il est donc très-important que MM. les claqueurs, ces courtisans intrépides des coulisses, daignent au moins, si on les conserve, ajourner leurs bruyans suffrages à la fin de la pièce; personne n'aura lieu de se plaindre; l'unanimité rendra le triomphe des acteurs plus éclatant, et l'amour-propre des auteurs n'y perdra aucun de ses droits.

« Vous ne connaissez peut-être pas, mon cher Philoménor, quelques vers ingénieux qu'un de nos poètes a composés sur cet intolérable abus; ma mémoire me les rappelle :

« Vive la claquomanie !
« C'est par elle que tout va,
« Depuis la ventriloquie,
« Jusqu'au sublime Opéra;
. . . .
« Auteurs, acteurs, figurans,
« Là chacun a ses agens.
. . . .
. . . .
« Aussi depuis cet abus,
« On dit qu'on n'y dort plus.
« A cette vile manœuvre
« Les Français même ont recours,
« Quoiqu'ils aient plus d'un chef-d'œuvre
« Qui marche bien sans ce secours.

CHAPITRE XLV.

Mélodrames de la Porte Saint-Martin, de la Gaîté et de l'Ambigu-Comique. — Franconi. — Gymnase. Panorama-Dramatique.

« On remarque beaucoup moins d'abus, mon cher ami, dans les théâtres des boulevards que dans ceux de première classe; tout y est plus soigné, mieux ordonné et mieux tenu. On n'y lésine point sur les dépenses que nécessitent les costumes et les décorations; et si l'on sème l'or, pour ainsi dire, en montant une pièce, il est rare qu'on ne recueille pas au centuple. Une louable émulation se fait remarquer, surtout entre deux théâtres rivaux. Dernièrement, le même jour, *le Solitaire du Mont-Sauvage*, *l'Homme de l'adversité* sautait à la Gaîté au milieu d'une explosion épouvantable, tandis que *Charles-le-Téméraire* était, à la Porte Saint-Martin, précipité par la foudre dans un torrent ensanglanté.

« Les acteurs transfuges qu'un intérêt mal entendu a laissés s'échapper des spectacles voisins, y sont parfaitement accueillis, reçus et payés. Et s'il fallait en citer un trait frappant, malgré la solidité de nos réflexions critiques à ce sujet, la Porte Saint-Martin n'a pas moins lieu de s'applaudir d'avoir richement doté l'incomparable Potier, sous le masque du Père sournois ou du Cuisinier de Buffon, que de Jenny-Vertpré (1) sous les traits de l'Amour. Il serait bon d'exhorter les chefs de ces établissemens à ne plus révolter le bon peuple Français par ces tableaux dégoûtans qui ressemblent à ceux de la Grève, et qui accoutumeraient la génération actuelle à voir de sang-froid des atrocités que Londres tolère et applaudit, et que Paris doit siffler avec dédain et rejeter avec horreur. Je ne crois pas enfin qu'il soit nécessaire que l'Ambigu-Comique et la Gaîté ressemblent, pendant la représentation, à des tabagies. On y boit, on y mange; la pipe seule y manque.

« Lorsque je vous ai parlé de la pantomime, je vous ai dit quelque chose des ac-

(1) Passée depuis au théâtre des Variétés.

teurs du Cirque Olympique. Malheureusement, le monument ne répond pas à la grandeur des sujets qui y sont représentés; point d'entrée remarquable; tout y semble provisoire. Que MM. Franconi apprécient mieux l'utilité de leurs exercices. L'admiration que leur dextérité *chevaleresque* inspire à leurs compatriotes, ainsi qu'aux étrangers, doit les engager à bâtir une arène, qui nous donne une idée des amphithéâtres de Nîmes. » « Ou d'Olympie, reprit Philoménor qui n'oubliait jamais les souvenirs glorieux à sa patrie ; mais comment, dans vos observations sur les spectacles, semblez-vous oublier le Gymnase, cette pépinière féconde où les autres théâtres ont le privilége de choisir des remplaçans. » « C'est le but de son institution, répondis-je; je crois cependant qu'il faut user de ce droit avec un discernement profond et une grande circonspection. Déjà la Comédie française a réclamé un des plus fermes soutiens de cette école dramatique, Perlet : ce déplacement aurait nui aux plaisirs du public. La voix de cet acteur qui sait prendre tous les tons, et aborder la gamme de tous les âges, le rendrait, selon moi, bien plus utile au Vaudeville et même à Feydeau. Ces deux scènes musicales sont sa véritable place, s'il abandonne décidément le Gymnase, où la foule ne se portait guère que pour lui et pour Léontine : et vous saurez que cette actrice précoce chante étonnamment les morceaux les plus difficiles, et surpasse même les espérances qu'on avait conçues de son talent. Mme Perrin, un des soutiens du théâtre, a succombé à une maladie mortelle ; un dépit, légitimé par une injuste condescendance, a privé le boulevard Bonne-Nouvelle de Mlle Anaïs. Que deviendra le Gymnase pendant les absences de la petite merveille et les voyages de Gonthier? Quant au monument, sa simple architecture a bien le caractère convenable à ce spectacle, et les grands théâtres peuvent yp rendre des leçons d'excellente tenue. Les emblèmes qui décorent l'intérieur sont aussi vrais que bien exécutés. Les murs et les attributs divers peints au-dessus du rideau, expliquent mieux qu'une inscription le genre véritable de cet établissement. L'Amour ici caressant un lion, et là monté sur une panthère, présente au plafond une moralité souvent trop exacte.

Des guirlandes de roses autour des loges, des camées, et plus que tout cela, des scènes entières, tirées des pièces les plus célèbres des grands maîtres de l'art, représentées sur le devant de la première galerie, nous parurent un ornement très-analogue à ce théâtre. La facture énergique des deux premiers tableaux de l'avant-scène nous fit reconnaître facilement la touche hardie de l'illustre Vernet : il est fâcheux que quelques peintures, telles que celles du *Tableau parlant* ne soit pas d'une main plus exercée et plus habile. Lorsque nous irons à ce spectacle, vous verrez avec regret qu'on cherche en vain à découvrir ses connaissances, que la détestable construction des loges voisines empêche d'apercevoir ; et vous sentez, mon cher Philoménor, que pour certaines femmes qui ne vont pas au spectacle dans la seule intention de s'y amuser des pièces qu'on y joue, il est triste de perdre tous les frais d'une mode nouvelle ou d'une parure recherchée, et combien il est désolant de ne voir ni d'être vues. Cet hiver, on s'y plaignait du froid ; il fallait toujours conserver son cachemire; et, sans risquer de s'enrhumer, on n'y pouvait venir avec une robe à la Marie Stuart ; au printemps, pleuvait-il, c'était bien d'autres plaintes ; ou MM. les actionnaires ne se sont pas montrés assez galans, ou ils ont été contrariés par la police qui ne l'est pas toujours, puisque, faute d'une tente assez vaste et assez prolongée, j'ai vu plus d'une merveilleuse, plus d'une élégante, jeter les hauts cris : l'horreur ! Dans la traversée du vestibule à la voiture, la chaussure délicate était mouillée ; les marabouts courbaient sous la rosée. Je les ai entendues ces femmes charmantes, et que le directeur en prenne note, je les ai entendues menacer de n'y plus revenir !..... Il me reste à vous parler du Panorama Dramatique.

« Imaginez-vous un joli péristyle orné de statues, sans perron qui exhausse et détache l'édifice, une entrée beaucoup trop basse, une salle dont le rideau tout en glace double en les répétant, l'élégante architecture et les attitudes variées des nombreux spectateurs, et vous aurez une idée assez complète de ce petit spectacle qu'il faudra pourtant juger par vous même lorsqu'il sera ouvert.

« Son rideau, inconstante et fidèle peinture

des objets qu'il réfléchit, produirait un effet bien plus singulier, si la multitude qui remplit les loges, les galeries et le parterre immobile d'abord de surprise et d'admiration, était mise en mouvement par un incident quelconque. L'Académie des arts ne devrait-elle pas s'emparer de cette invention merveilleuse ? L'idée première, il est vrai, arriverait des boulevards ; et peut-être cette réflexion est-elle un obstacle? Le Panorama-Dramatique remplissait assez les engagemens que son titre promettait, par l'illusion que présentaient de magnifiques décorations, illusion beaucoup plus sensible dans les palais et fabriques intérieures que dans l'imitation des beaux sites et accidens de la nature, dont le point de perspective m'a paru quelquefois trop rapproché de l'orchestre. J'en excepte le paysage du second acte *des Deux Fermiers*; les costumes y sont aussi riches que d'accord avec les temps et les lieux où se passe l'action. Quelques jeunes acteurs promettaient ; surtout un (1), que vulgairement l'on appelle le Talma du Panorama-Dramatique. Une ou deux ac-

(1) Gautier.

trices s'y montraient pénétrées de leur rôle ; c'est assez dire que la troupe avait besoin de se recruter encore de nouveaux auxiliaires. Je ne veux pas négliger, mon cher ami, de vous faire une observation assez importante pour que les directeurs y fassent une sérieuse attention. Serait-ce pour compléter les prestiges de la salle, qu'une douce ondée se filtre quelquefois imperceptiblement au moment où l'on s'y attend le moins, et tombe goutte à goutte, du parquet des hautes galeries, sur les personnes qui occupent les premières loges, et leur font regretter (je les ai entendues) de ne pouvoir, vu l'exiguité du lieu, y déployer un parapluie. Ce prodige, tolérable en été, ne serait pas supportable en hiver. Et si ce théâtre est jamais rendu à sa primitive destination, il est très-essentiel que messieurs les directeurs fassent appliquer dans les galeries élevées un mastic imperméable pour empêcher les habitués d'y prendre tant de libertés *grandes*. Tout le monde applaudira si l'on prend des mesures de prévoyance pour les empêcher à l'avenir, d'y faire comme Mathieu Laensberg, la pluie, la grêle et le tonnerre ; et si l'on peut les contraindre de se tenir au beau fixe, et, conséquemment, au très-sec. »

« Que vos spectacles de Paris sont nombreux et variés! s'écriait Philoménor. » « Il est bien pardonnable à un étranger d'en être surpris, lui dis-je; et cependant je n'ai point fait entrer en ligne de compte une foule de théâtres d'amateurs, disséminés en cent endroits. Dans ces spectacles on ne paie aucune rétribution ; seulement les acteurs font les frais des costumes, jouent pour le plaisir du succès, et d'y réciter les beaux vers de nos poètes, ou d'y chanter les jolis airs de nos musiciens. Ces scènes domestiques deviennent souvent l'arène où s'exercent les élèves du Conservatoire, et quelquefois la pépinière où les grands et petits théâtres viennent enrôler les sujets les plus distingués.

« Vous êtes las du tumulte de la grande ville; vous voulez respirer, en été, un air plus pur, moins étouffé, moins épais; en un mot, vous sortez de Paris. Aux barrières, et dans la banlieue, vous retrouverez encore des théâtres secondaires, à Charenton, au Mont-Parnasse, aux Thermes du Roule, à la barrière des Martyrs et à Saint-Cloud. »

CHAPITRE XLVI.

Panorama. — Diorama. — Vie délicieuse d'un amateur des arts à Paris. — Fêtes champêtres. — Maisons de campagne. — Maisons de santé. — Jardins publics. — Anecdote. — Abus à réformer.

« AVANT que j'eusse le bonheur de vous connaître, mon cher Philoménor, vous avez vu les Panorama de Rome, de Jérusalem, de Londres et d'Athènes. Le fidèle tableau des sites et des monumens de cette dernière ville (vous me l'avez avoué), émut profondément votre âme. Mais depuis, l'art des Bouton et des Daguère s'est perfectionné ; il vient de créer des merveilles cent fois plus surprenantes ; et le pinceau, sous leurs doigts savans, semble être le talisman d'Aladin. Au Diorama vous croyez réellement pénétrer sous les voûtes de cette cathédrale, où les reflets de la lumière sont si artistement distribués. Dans ce paysage, les nuages marchent, se grossissent, que dis-je, ils volent. On sent, comme malgré soi, le désir d'errer lentement sur les vertes pelouses de cette belle vallée, où la fraîcheur des eaux courantes semble vous attirer. Voilà des découvertes qu'il faudrait réaliser le plutôt possible sur notre premier théâtre lyrique, lorsqu'affranchis des monumens provisoires, nous aurons un édifice en rapport avec les progrès de nos lumières.

« Cependant, qui l'ignore? indépendamment de cette nouveauté (1), un étranger opulent, un oisif par état, ne le sera jamais entièrement s'il veut employer, même en s'amusant, tous les instans de sa journée; et je le dis positivement, le sot, oui, le sot, a seul, dans cet heureux pays, le privilége exclusif de l'ennui. L'éprouvera-t-il jamais celui qui, sans donner dans aucun travers, sait user des facultés de son âme? qui sait tour à tour passer de la promenade du matin, si délicieuse dans les jardins des Tuileries ou du Luxem-

(1) Idée qui au moins n'est pas nouvelle, puisque le chevalier Servandoni, architecte décorateur, et supérieur dans toutes ces parties de l'art, obtint de Louis XIV, de faire représenter sur le théâtre des Tuileries *des spectacles de simple décoration* qu'il avait imaginés pour former des élèves en ce genre. *Tableau historique et pittoresque de Paris*, tome II page 425.

bourg, aux cafés politiques; de-là aux bibliothèques royales; de ces riches dépôts de l'esprit humain, aux Musées des Arts (1); du temple des Phidias et des Apelle, au restaurant des Wefour ou des Robert; des salons de la gastronomie, au théâtre; des spectacles, dans les sociétés, où les conversations sont si riantes, si variées, si pleines d'aisance; où le concert et le bal sont aussi subitement improvisés que la partie d'impériale ou d'écarté, où l'on gagne, où l'on perd si lestement et si gaîment son argent, au son de la flûte et du forté. »

« Où, reprit vivement le jeune Grec en

(1) Et l'auteur a négligé de parler de mille autres avantages journaliers ou accidentels qui, dans tous les âges, peuvent occuper l'ami des lettres et des arts, (Sans doute parcequ'il ne s'adressait uniquement qu'aux gens du monde.) tels que les cours royaux de physique, de chimie, de botanique, d'histoire, de littérature, et ces discours d'apparat, une mercuriale de Desèze, un rapport de Marchangy, un plaidoyer de Berrier, un sermon de Maccarty, un panégyrique de De Boulogne, une conférence de Freissynous ou un éloge académique de Dacier, que l'on entend et que l'on ne peut entendre qu'à Paris.

m'interrompant, la vie s'écoule avec tant de rapidité, et s'enfuit comme un songe. »

« Ajoutez, repris-je, à tant de plaisirs qui semblent former une chaîne non interrompue, les fêtes champêtres des villages voisins, tels qu'Auteuil, Sceaux, le Ranelagh, fêtes charmantes qui n'ont, il est vrai, de mérite, qu'autant qu'elles sont favorisées par un beau ciel et une douce température; car, en été, la plupart des Parisiens abandonnent les affaires, une ou deux fois par semaine, pour se rendre à leur maison de campagne; il est du bon genre d'en avoir une; et vous saurez que souvent on appelle ainsi un joli pavillon accompagné d'une cour, d'un potager et d'un jardin anglais; encore y a-t-il des particuliers riches qui se contentent de louer un appartement dans un château, dont le parc et les dehors sont en commun; et toutes ces personnes n'en disent pas moins : Je vais à ma campagne, à ma terre. D'autres enfin, et très-ordinairement ce sont des garçons, de jeunes veuves, ou de vieilles douairières, prétextent une indisposition, s'ils n'en ont pas de réelles, et passent une partie de la belle saison dans une maison de santé. »

« A quoi bon cette imposture, s'écria Philoménor? » « Vous en sentirez aisément les avantages, lui répondis-je; là, d'abord, pour une pension légère, vous êtes absolument dégagé des embarras du ménage; tous les premiers besoins y sont satisfaits : vous avez un appartement commode et bien situé, une table frugale, mais saine et abondante; comment cela serait-il autrement? Vous ne mangez, pour ainsi dire, que par ordonnance; et qui, mieux qu'un docteur, sait diriger le menu d'un dîner? ensuite il n'est pas rare de rencontrer dans ces établissemens une société choisie, que l'état présumé de malade vous permet de voir ou de fuir à volonté. Par la même raison, rien n'est plus aisé que de s'y soustraire à l'œil curieux des importuns ou des indiscrets. Aime-t-on la dissipation, au salon, dans le petit bois, on fait d'heureuses connaissances qu'une pareille situation rend indispensables. Presque toujours une femme solitaire, malheureuse et sensible, y trouve d'aimables consolateurs. En un mot, avec plus d'aisance et moins d'étiquette, on y réunit tous les agrémens de la ville, sans en éprouver la gêne et les inconvéniens. On n'y a pas, j'en conviens, les grands spectacles de Paris; mais en revanche on y a ceux de la nature. D'ailleurs les spectacles de la ville sont beaucoup moins fréquentés à cette époque de l'année, que les jardins publics, même par cette classe d'individus si parfaitement indifférens aux attraits de la vie des champs, et qui, fixés invariablement à Paris, n'en sortent jamais. Ces jardins, il est vrai, sont des lieux de délices où se multiplient cent amusemens divers. Sous ces arbres touffus, sur ces gazons fleuris, nos guerriers se nourrissent de souvenirs glorieux : sans courir aucun danger, au son des tambours, des fanfares, des coups de canon, nos femmes les moins aguerries voient sans effroi les bombes tracer une ellipse sur leurs têtes; elles sont témoins de toutes les évolutions militaires, de combats, d'assauts, de prise de forts, de citadelles, et cependant, pas une goutte de sang n'a coulé; on a cru voir tomber et périr beaucoup de soldats, et ces soldats, précipités des tours, n'étaient heureusement que des mannequins habillés en Prussiens ou en Anglais. Bientôt la scène change; des symphonies plus douces se font entendre, et dans une immense avenue, nouvelle Iris, l'intrépide acrobate descend du haut des airs, au milieu des flammes du Bengale, tandis que l'audacieuse aéronaute, assise dans une élégante gondole, s'élève avec grâce, plane, et bientôt se perd dans les nuages ; ici, dans des chars rapides comme l'éclair, vous roulez sur le penchant de montagnes colossales (1) ; là vous traversez en courant des grottes enchantées (2) ; ailleurs vous faites le saut périlleux du Niagara ; tout près, vous vous lancez sur l'escarpolette ; ou, sur un lac, vous disputez le prix de la course dans des barques légères (3) ; plus loin, placés dans un tilbury, ou montés sur des chevaux plus vites que les vents, vous remportez des prix dans de champêtres hippodromes (4). Au milieu de ces bosquets, ces théâtres vous offrent encore un Sosie parfait de nos plus aimables acteurs. Sous cette tente, un nouveau Comus vous étonne

(1) Beaujon.

(2) Tivoli.

(3) La Villette.

(4) Marbœuf.

par son agilité et les expériences d'une physique dont chaque jour voit déchirer un voile et deviner un secret. Enfin des bals, des concerts, des feux d'artifice, des illuminations en verres de couleur, sont devenus les accessoires obligés des fêtes de Tivoli, Beaujon, Marbœuf, Belleville et du Delta. Toutefois je dois vous faire observer que la bonne société y danse peu, ou n'y danse point du tout : on se contente d'y jouir de la promenade, de la musique et des prodiges de la pyrotechnie; on y dîne quelquefois; mais, à vrai dire, le beau monde y joue un rôle presqu'absolument passif. » « Vous m'étonnez, me dit Philoménor. » « Rien n'est plus exact, répliquai-je : cependant l'observateur y trouve des tableaux dont il sait enrichir son portefeuille ; souvent il est témoin d'aventures qui tiennent du roman, et que l'auteur de Gilblas n'eût pas dédaigné de placer dans son livre. Je ne vous en conterai qu'une seule : c'est une espiéglerie que la jeunesse seule de son auteur peut rendre excusable, et que je ne puis m'empêcher de blâmer, parce qu'elle me paraît s'éloigner trop de la galanterie française.

« Dernièrement, à Tivoli, un de mes amis fut accosté par trois jeunes beautés ; son accent étranger, sa bonne mine et un grand air d'opulence les avaient probablement séduites. Quelque temps après, lorsque la conversation se fut un peu animée, elles feignirent d'éprouver un grand besoin de se raffraîchir, et proposèrent à celui qu'elles prenaient pour un novice, d'entrer dans un berceau voisin. Le jeune homme accepte ; mais il a l'adresse de les engager à donner leurs ordres ; ces demoiselles aussitôt se font servir des glaces, des sorbets et un punch qu'elles demandent elles-mêmes au garçon du restaurateur du jardin, bien persuadées que le galant étranger payera tout sans la moindre difficulté. A peine avaient-elles mis le feu au punch, à peine la flamme bleuâtre voltigeait sur la liqueur parfumée, que tout-à-coup le jeune espiègle prétexte une affaire importante. On le croit sur parole : comment concevoir la moindre défiance ? Il paraissait si franchement épris de l'une d'elles ; il semble éprouver tant de regrets de les quitter, tant de crainte de ne plus les retrouver, de ne plus les revoir ; il part ; il s'éclipse ; il doit revenir à l'instant.

Une demi-heure s'écoule, et l'amoureux prétendu ne revient pas; cependant une de ces demoiselles veut aller à la découverte, tandis que les deux autres se moquent de cette espèce de provincial, dupe toute faite pour payer un goûter auquel il n'aurait pas touché. Ce fut inutilement qu'on l'attendit ; et il fallut finir par se décider à boire sans lui le punch presque froid. Mais, qu'était devenu cet infidèle, ce traître, ce perfide ? Qu'était-il devenu ? Caché tout près dans un massif d'arbustes, d'où, sans être vu, il pouvait tout entendre et tout apercevoir, notre rusé Normand, car c'en était un, riait en tapinois du bon tour qu'il avait joué, et surtout il jouissait délicieusement du désappointement, de l'impatience, de la colère, ou, pour parler plus juste, de l'inexprimable fureur des trois nymphes, lorsque le garçon qui les avait servies vint exiger le prix des objets quelles avaient consommés. Elles eurent beau réclamer, jurer sur leur honneur, que le jeune homme qui était il y a peu d'instans avec elles allait revenir et solderait la carte ; comme elles avaient tout ordonné, le restaurateur craignit de perdre ses avances ; et sans autre délai, il menaça de les faire arrêter, si elles ne donnaient des arrhes convenables, ou ne se résignaient à payer une dépense quelles avaient espéré mettre sur le compte de celui qui, avec tant de finesse et d'astuce, s'était échappé de leurs filets.

« Je vous ferai une dernière observation : il est fâcheux que dans un jour de fête quelques-uns des bosquets ressemblent à certaines loges grillées de nos petits spectacles ; le moraliste sévère désirerait les voir plus éclairés ; les femmes honnêtes s'y promèneraient sans craindre d'être blessées par des scènes dignes du pinceau de Tenières et de l'Arétin.

CHAPITRE XLVII.

Fête de la Rosière.

« Dans certains cantons on a du plaisir, même en prenant part à une bonne action. A Salency, à Surène et ailleurs nous avons vu rétablir une institution philantropique que l'on devait à la sagesse du dernier siècle. Les mœurs des campagnes fixèrent l'attention générale des gens riches et bienfaisans. On crut avoir trouvé le moyen le plus simple de conserver ou de faire renaître la vertu, en excitant l'émulation par des récompenses; et des honneurs mérités semblèrent dédommager l'innocence des sacrifices souvent imposés par des devoirs sévères. Quelquefois peut-être on favorisa les calculs de l'hypocrisie, mais bien certainement on diminua toujours le nombre des scandales. Des prix furent fondés à perpétuité. Chaque année, au jour fixé par le fondateur, ils sont accordés à la vierge la plus vertueuse du hameau. Un jury, formé d'hommes irréprochables, est chargé d'examiner, avec un soin scrupuleux, la conduite des jeunes filles. Quelle tâche! il faut écouter l'éloge et le blâme ; il faut peser dans la balance tous les caquets ; les vertus y sont passées pour ainsi dire au crible, comme le froment des champs. Après l'épuration, il ne faut pas qu'on aperçoive le plus petit grain d'ivraie ; cette plante maudite ne peut s'allier avec la couronne destinée à la Rosière, dont les fleurs doivent être pures et sans mélange. Le grand jour est enfin arrivé ; tout s'émeut ; tout est joyeux au village. Incertaine de son sort, la jalousie se tait, l'envie dissimule ; la méchanceté parle bas ; l'espoir sourit à toutes les mères ; est-il trompé ? un avenir plus heureux console. Cependant toute la jeunesse se pare de ses plus beaux habits ; des tables nombreuses sont dressées. On fait en tout genre d'immenses préparatifs ; on n'entend partout que les chants de la gaîté et les accens du bonheur.

« Le temple champêtre est revêtu d'antiques tapisseries ; l'autel est orné comme au jour du patron. Un dais de velours s'élève dans le sanctuaire pour le prélat qui sanctifie la pieuse cérémonie; un trône richement décoré reçoit la présidente de la fête, de charmantes quêteuses (1); et plus bas, sur ses degrés, les introductrices de la Rosière.

« Toutes les aspirantes à la couronne de rose sont placées sur un vaste amphithéâtre, et il est à remarquer que le portrait d'une Magdeleine pénitente, qui m'a paru très-bien peinte, se trouve précisément suspendu tout à côté d'elles. Le donataire aurait-il voulu leur rappeler que le repentir doit succéder à la perte de l'innocence, si par fragilité, elles faisaient quelques faux pas? Vêtues de blanc, ces jolies villageoises portent de légères écharpes bleues, et ressemblent presque toutes par leurs grâces naïves, aux fleurs des prairies qui environnent leurs chaumières. Les cloches s'ébranlent; au son des flûtes et des hauts-bois, le clergé, précédé de la garde de l'endroit, et de l'étendard de Marie, reçoit pompeusement le cortége d'usage, et introduit trois jeunes filles, définitivement désignées par le choix des juges.

(1) Mme la comtesse de Villelle, Mlle sa fille et sa nièce.

Après certains préliminaires prescrits par les statuts de la fondation, les juges donnent de nouveau leurs suffrages sur ces trois candidats ; leurs votes sont déposés dans une urne ; et celle qui obtient le plus de voix, est publiquement proclamée rosière, par un des vicaires du curé, qui bénit la couronne de rose et la rosière elle-même, assistée par deux petites demoiselles à peine sorties de l'enfance. La rosière s'avance et s'incline devant la présidente ; celle-ci lui met au doigt un anneau, lui donne une bourse, et place sur sa tête la couronne de la vertu ; un discours est ensuite prononcé ; ordinairement l'orateur y présente le but et les avantages de l'institution, y fait l'éloge du fondateur, adresse une exhortation touchante à celles qui sont l'objet de ce religieux concours; et finit par complimenter la présidente, les juges et les autorités du lieu. On se rend ensuite en procession à la maison de la rosière, qui trouve à sa porte un peuplier, fraîchement planté, sur lequel flottent des banderoles de toutes couleurs ; on conduit enfin l'héroïne de la sagesse chez le maire, où l'attend une dot de cent écus, un festin splendide, une fête complète, et presque l'assurance d'un heureux mariage, qui très-souvent, se réalise quelques jours après. »

Philoménor enchanté de ce récit, ne put s'empêcher de désirer qu'un pareil usage se propageât en France; et il forma le projet de le transporter en Grèce, si des circonstances heureuses le lui permettaient.

CHAPITRE XLVIII.

Domestiques. — Grands restaurans. — Les gastronomes — Dîner de jeunes gens. — Cuisines en plein air. — Restaurans de la moyenne propriété. — Tailleurs à la mode. — Demoiselles de salle. — Leurs caquets. — Leurs habitudes. — Garçons servans.

Philoménor avait loué un hôtel à Paris ; il s'était entouré d'excellens domestiques qu'il avait choisis, presque tous, parmi les jeunes commissionnaires, hommes pour la plupart bien tournés, vifs, alertes, intelligens, connaissant parfaitement tous les quartiers de Paris, ordinairement très-fidèles par principes, par une heureuse habitude, et par un effet de l'espèce de surveillance qu'ils exercent quelquefois les uns sur les autres ; il était persuadé qu'ils étaient souvent plus dignes de confiance que ceux que l'on prend dans les bureaux (1), et qui se présentent avec des certificats mendiés et obtenus des

(1) Tout ceci n'est pas sans de grandes exceptions.

maîtres, forcés, par importunité, de mentir à leur conscience, et d'accorder des attestations favorables, pour ainsi dire, malgré eux.

Quoique mon Grec en formant ainsi sa maison, eût chez lui un excellent cuisinier, il se plaisait à manger chez les meilleurs restaurateurs; et nous y dînions souvent ensemble. « Ce restaurant, lui dis-je un jour, est, comme vous l'apercevez, le rendez-vous des gens les plus distingués, de ce qu'on appelle les gens comme il faut; et ce mérite est bien senti par certains personnages qui, parce qu'ils les fréquentent, se croient d'une grande importance; voyez-les entrer : quelle arrogance! quelle expression de hauteur et de dédain dans ce jeune mirliflore! comme il fait retentir dans les salles le fer de ses bottes et le cliquetis de ses éperons! ne le croirait-on pas dans une académie d'équitation? Il s'assied, ou plutôt il s'étale, il se mire, il s'ajuste, il se sourit, relève ses cheveux, boucle ses favoris, jette nonchalamment un coup-d'œil sur la carte, demande avant le potage, des vins rares, des mets recherchés. Il a dîné avec humeur; il était seul, il se lève, fait une seconde toilette;

il monte son col, développe son jabot, agite sa cravache, paye en or, et laisse les garçons émerveillés des marques de sa munificence, dont l'usurier de telle petite rue a fait tous les frais ce matin. »

« Ce portrait est assez ressemblant, me dit Philoménor; mais voyez encore ce fin gourmet qui était au premier service quand nous sommes entrés, et qui ne fait que commander le second; il dépèce, il savoure, il dévore; avec quelle attention il manie cette précieuse bouteille de vin étranger, de peur qu'il ne dépose! cet homme semble ne vivre et ne respirer que pour manger. » « Mais ce que vous ne savez pas, ajoutai-je, on assure qu'il se prépare à son dîner dès la pointe du jour; c'est la principale action de sa journée; s'il se baigne, s'il prend l'air, s'il boit son verre d'absinthe, c'est pour exciter son appétit; jadis, il a connu les plaisirs de la jeunesse, il s'y est trop livré, il a vieilli avant l'âge; aujourd'hui presque tous ses sens sont émoussés, il ne lui reste plus qu'un palais très-fin et très-délicat, et ce palais est tout pour lui; il est son Dieu. » « Et que dites-vous, reprit mon Grec, de cette femme de quarante-cinq ans au moins, dont la mise est si soignée; elle est couleur de rose de la tête aux pieds; n'a-t-elle pas l'air de se croire à l'âge de quinze ans? Son jargon est presque enfantin; elle semble affecter la timide candeur du premier âge; avec quelle avidité elle parcourt la carte! Quels apprêts méticuleux elle exige pour son dîner! L'entendez-vous? l'eau filtrée est contraire à sa santé; par ordre du jeune docteur qui la dirige, elle ne boit que les eaux de Seltz qu'elle mêle délicieusement avec du vieux Mâcon. Oh! les jolis petits meubles qu'elle tire de son sac! avec quelle symétrie elle sait les ranger! » J'arrêtai Philoménor, qui n'était méchant que lorsque nous étions seuls et dans l'intimité. « N'allez pas plus loin, mon cher ami, lui dis-je; je vous en conjure: si, entre hommes, il nous est permis de nous censurer et de rire à nos dépens, au moins, nous devons les plus grands égards et la plus grande indulgence au beau sexe. Ces conseils inspirés par l'amitié et dictés par une galanterie toute française, furent interrompus par un nouvel incident. Depuis long-temps on causait fort haut dans un appartement voisin du salon où nous avions dîné; on y fredonnait l'ariette nouvelle, on y répétait mille refrains joyeux, mais surtout on y riait aux éclats, et de temps en temps on semblait y folâtrer. Tout à coup nous crumes entendre des lustres tomber. « Qu'y a-t-il donc? me dit Philoménor épouvanté. Bon Dieu ! serait-ce encore une explosion du gaz? « Rassurez-vous, Monsieur, lui dit le garçon qui nous servait; le maître du restaurant n'a pas voulu qu'on l'introduisît ici; dans ce cabinet particulier, ajouta-t-il en souriant, sont des jeunes gens très-comme il faut, qui, à tour de rôle, se donnent à dîner depuis huit jours; et je puis vous l'assurer, des princes ne font pas une chère plus délicate. Ce sont les meilleurs enfans du monde; si, en faisant quelques folies, ils cassent des porcelaines ou d'autres objets, il est inutile de les taxer, ils en payent toujours la valeur au double. Cependant, on avait sonné dans ce cabinet qui venait de fixer notre attention; et peu d'instans après nous apprimes que des bouteilles de vin de champagne dont le bouchon avait sauté en l'air, étaient la cause très-innocente de tout ce tapage; pour n'en rien perdre, on avait voulu les boire promptement ; on les avait prises avec trop de précipitation; des sceaux pleins de glace où ces bouteilles étaient à rafraîchir, avaient été renversés, et dans leur chute avaient imité le bruit de lustres qui tombent sur un parquet, ou d'un service de cristal qui se brise en mille morceaux.

De notre place nous avions aperçu cette réunion si gaie; mais les convives avaient eu l'air de se soustraire à l'œil des importuns. La porte du cabinet où se donnait la fête avait été fermée; et quoique Philoménor eût bien désiré connaître d'autres détails sur cette petite orgie, sa curiosité fut désappointée : tout se passa en comité secret.

« Ce restaurant, mon cher ami, dis-je à mon Grec, a beaucoup d'habitués; aussi, tout y est-il attrayant; les mets les plus rares et les plus communs y sont préparés et disposés avec des soins particuliers et des accessoires qui séduisent les yeux avant de frapper l'odorat et de flatter le goût. On n'oublie pas de vous étaler la beauté et la finesse du linge, l'éclat des cristaux, le poli de la vaisselle plate et des couverts de vermeil. Remarquez encore avec quel art, sur ce buffet, des vases remplis de fleurs de la saison, s'entremêlent avec ces corbeilles où, sur un lit de mousse, s'élèvent en pyramides, la fraise des Alpes, la cerise d'Orient, l'abricot d'Arménie, la prune de Damas, la pêche de Montreuil, le raisin de Corynthe, l'ananas du Pérou et l'orange de la Chine. Faisons cependant ensemble une réflexion importante : tandis que nous profitons de ces avantages, beaucoup de Français en sont privés et n'en vivent pas moins très-agréablement. Vous ne connaissez que les restaurateurs des plus hautes classes; mais non de ceux d'une honnête médiocrité. Ce n'est qu'en vous asseyant aux tables des seconde, troisième et même quatrième cathégories, que vous serez à même de connaître les nombreuses ressources que trouve à Paris une immense population. » « Vous vous trompez, me dit Philoménor : j'ai plusieurs fois admiré dans cette capitale combien la nourriture y était variée, saine, abondante, et à la portée de toutes les fortunes, surtout pour cette partie si intéressante du peuple que l'on appelle artisans et ouvriers. J'ai considéré vos cuisines portatives en plein air, j'ai vu cette prodigieuse quantité de légumes, de fruits d'une mince valeur, et surtout ce pain, si blanc, si beau, d'une si excellente qualité, que votre police, aussi vigilante que paternelle, maintient toujours au taux le plus modéré; et je me suis convaincu avec plaisir, que les hommes de peine en tout genre étaient à même de satisfaire à leurs besoins, s'ils étaient laborieux, et de se délasser par des plaisirs peu couteux, des travaux exigés par la nécessité. » « Fort bien; mais il est d'autres individus qui par leur naissance, leur éducation et leur fortune bornée, sont également éloignés d'adopter le régime diététique du peuple et la table splendide de l'opulence; et je vous étonnerai en vous apprenant que ceux qui composent cette classe mitoyenne n'en ont pas moins dans cette capitale, et beaucoup mieux qu'ailleurs, des moyens d'existence très-suffisans pour conserver leur santé. Seulement dans certains jours, ils se mettent à l'unisson avec les gastronomes dont la fortune se compte par millions; avantages qui ne se trouvent pour ainsi dire qu'à Paris, au moins pour la délicatesse, la rareté et la recherche des mets. Dans cette série je fais entrer quelques jeunes lettrés, les employés des ministères, des banquiers, les clercs de notaires, d'avocats, et les élèves de

Droit et de Médecine; vous sentez qu'on y trouve nécessairement des gens de mérite, de beaucoup d'esprit, et d'une éducation très-soignée. Si vous m'en croyez, nous irons ensemble dans ces restaurans; et le prix modique d'un dîner passablement bon, vous surprendra, j'en suis certain. »

Philoménor accepta la partie proposée; mais, pour être moins remarqué, il voulut se déguiser ce jour-là sous un costume français; et je lui conseillai de se faire habiller par un des tailleurs des rues Vivienne ou Richelieu. « Dans ce quartier, lui dis-je, règne le goût le plus pur; on y trouve les modes suivies par les élégans du meilleur ton et les vêtemens confectionnés par les meilleurs ouvriers. » Philoménor suivit mes conseils, et s'aperçut que mes indications étaient parfaitement justes sous tous les rapports.

Dans une salle bien décorée il ne vit point annoncés sur la carte ni ragoût de crêtes de coq, ni tourte à la tortue, ni escalope de lapin, ni suprême de volaille, ni filets mignons, ni truite du lac; il eut des mets simples, et il dîna bien; la marche qu'il avait faite, la joie sans prétention, sans sotte vanité, qui brillait autour de lui, lui fit trouver tout excellent. Surtout, il s'amusa beaucoup du caquetage des demoiselles de salle. Demandait-on un morceau de bœuf, une tranche de veau, de mouton, une aile de dindon, plusieurs voix glapissantes en dièze et en bémol, répétaient aussitôt : un bœuf, un veau, un mouton, un dindon. « Quoi ! tout entier ! se récriait Philoménor en ouvrant de grands yeux. » « Ne vous effrayez pas, mon cher ami, répliquai-je aussitôt ; la portion qu'on servira ne donnera d'indigestion à personne. » Un des convives demandait-il des œufs, ces nymphes lui répondaient : Monsieur, vous êtes sur le plat ; celui-ci, des rognons qu'il avait commandés, on les met à la brochette ; celui là, ma queue de mouton viendra-t-elle ? Patience ! elle est sur le gril. Ma langue, mademoiselle, que j'attends depuis une heure ; la voici, elle est frite.

Telles étaient les gentillesses qui édifièrent singulièrement Philoménor, et dans lesquelles ces pauvres filles mettaient tout l'esprit qu'elles ont en partage. Mon Grec fut surpris de leur parure et de leur costume aussi propre que recherché. « Ces filles, me dit-il, ont sans doute de forts appointemens ? mais comment le traiteur parvient-il à faire de bonnes affaires et à payer tant de monde en donnant ses dîners à si bon marché ? » « Cela s'explique très-facilement ; d'abord les viandes, les légumes, les fruits leur viennent de la première main ; ces comestibles leur sont accordés à un taux bien au-dessous de celui que payent les simples particuliers qui tiennent maison à Paris ; leurs vins sont légers ; on vous les donne pour être de la Basse-Bourgogne ; et l'on est trop heureux, lorsqu'en raison d'une surveillance exacte, ils ne sont point frelatés, et lorsque leur robe éclatante ne provient point des fruits du sureau ou des bois de teinture ; aussi les vrais amis de l'humanité désirent-ils voir diminuer le plutôt possible les droits trop élevés sur les boissons. Quant aux gages de ces demoiselles, elles ont fort peu de chose de fixe ; elles sont bien nourries ; c'est pour elles un point très-intéressant ; leurs émolumens sont fondés sur le casuel, sur les produits du tronc, appellé vulgairement *Tire-lire*, que remplit chaque jour la libéralité des consommateurs ; et il n'est pas rare que cet article de leur budget leur rapporte de dix-huit à vingt francs par semaine, et quelquefois davantage; cette branche de bénéfice augmente en raison de l'exactitude du service, des soins et des attentions qu'elles ont pour les habitués; d'ailleurs beaucoup ont des amis qui savent pourvoir à leurs plus pressantes nécessités; elles ne s'en cachent pas; elles ont leur oncle, leur cousin, leur amoureux, etc., etc.; et Dieu sait si ce dernier est bien reçu dès qu'il paraît; si les bons et les meilleurs morceaux lui sont réservés et servis. La plupart de ces filles ne couchent pas dans la maison où elles travaillent pendant la journée; vers sept heures, une ou deux fois par semaine, elles sont libres d'aller où bon leur semble. Malheur au paresseux maladroit qui se présente pour dîner à cette heure indue; si ces demoiselles ont fait la partie d'aller au spectacle ou au bal, ce contre-temps lui attire infailliblement des reproches et une explosion de mauvaise humeur. Ces filles sont très-peu constantes; il en est qui dans une année font les quatre coins de Paris; on en voit très-peu, vous le savez mieux que moi, dans les grands restaurans; elles n'y occupent que la place de femme de charge; on n'y est servi que par des garçons, qui commencent, en sortant du village ou de la province, par se débrouiller dans une gargotte de la barrière ou du faubourg, s'ils n'ont aucune protection à Paris; ils se forment ensuite dans des restaurans plus forts, montent successivement et assez rapidement tous les échelons de la fortune, et finissent par entrer chez Grignon, Leriche ou les frères Provençaux; s'ils ont de l'ordre, de la conduite et de l'économie, ils achètent quelquefois le fonds de leurs maîtres.

« Je présume bien, mon cher Philoménor, que vous n'avez pas lieu de vous repentir d'avoir pris aujourd'hui un repas aussi frugal. La connaissance des usages d'un peuple, dans les différentes hiérarchies de ses membres, valait bien le sacrifice d'un dîner à la *Lucullus.* » Mon Grec m'avoua que depuis longtemps il ne s'était autant amusé. « Vous m'avez procuré la comédie, ajouta-t-il; quoiqu'un nouveau Théophraste la trouve bien souvent ailleurs. Avec votre julienne, vos bifteks, vos rôtis, votre vin du cru, qu'on annonçait pour du Bourgogne, j'ai dîné presqu'aussi bien qu'en mangeant du faisan et des perdrix rouges, et qu'en buvant le Malvoisie, le Chambertin et le Tockai. Nous avons beaucoup ri; nous avons beaucoup écouté; nous avons parlé d'autant; et peut-on n'avoir pas assisté à un véritable festin, lorsqu'on est persuadé avec Saint-Lambert que :

> Les morceaux caquetés se digèrent le mieux.
>
> Poëme des *Saisons*

CHAPITRE XLIX.

Société de Paris. — Philoménor est introduit chez une Mme de Valmont. — Son attachement pour cette dame. — Caractère du jeune Grec. — Ses succès dans le monde. — Fête donnée chez Mme de Valmont. — Présens et pièce de vers. — Description d'un hôtel. — Une séance royale. — Espérances de Philoménor pour le bonheur de sa patrie. — Note critique sur des usages de la cour en France.

Nos courses dans Paris étaient quelquefois suspendues; et j'avais saisi l'occasion de présenter Philoménor dans la plupart des maisons où j'étais le plus lié. Recevoir un jeune Grec de vingt-deux ans avait d'abord été un puissant attrait pour la curiosité; sa figure pleine d'expression, de vie, de santé et de fraîcheur, un nez aquilin, de grands yeux bruns pétillans de génie, sous des sourcils tels que le chantre de l'Iliade les donne à Jupiter; des formes parfaites, une taille ordinaire, mais svelte et bien prise ; et plus que tous ces dons naturels, l'aisance de ses manières et son extrême politesse, lui eurent bientôt gagné la bienveillance de toutes les ſemmes du meilleur ton, séduites d'ailleurs, par la tournure orientale qu'il savait donner aux moindres mots flatteurs qu'il leur prodiguait, et dont jamais, sans une recherche affectée, il ne laissait échapper l'heureuse occasion. Elles n'étaient pas moins éblouies par les pierreries et les riches étoffes dont il était ordinairement couvert, que par une propreté exquise et le costume le plus soigné. Souvent lorsque ses affaires ou ses études l'avaient empêché de m'accompagner, il eut la douce satisfaction d'apprendre que des dames charmantes avaient remarqué son absence, et m'avaient reproché avec une sorte de chagrin d'avoir oublié mon jeune Grec, que plus d'une d'entre elles eût peut-être désiré compter au nombre de ses *attentifs*.

Sous un autre rapport, la souplesse de son caractère, sa déférence modeste aux opinions indifférentes, et son énergique attachement aux principes d'honneur et de bon goût, son amour passionné pour les lettres et les beaux arts, ses connaissances variées en tout genre, sa facilité légère à bien s'exprimer sur tous les sujets de conversation, lui avaient également concilié l'estime et l'amitié des hommes les plus graves et les plus instruits, et même de cette jeunesse aussi aimable que frivole, moins occupée de choses sérieuses que des objets de ses plaisirs. Philoménor se prêtait à tout; pour plaire, il semblait se mutiplier et s'offrir tour à tour sous mille aspects différens; quelquefois, en badinant, je le comparais au Protée de la fable; je l'ai vu, dans la même journée, résoudre un problême très-difficile avec un géomètre; disserter avec une merveilleuse sur la coupe et les nuances de sa robe de barrège; traiter un point de morale avec un philosophe; causer de son wiski et de ses chevaux avec un élégant; s'entrenir de la Vénus de Milo avec un artiste; parler guerre et tactique avec un ancien général; valser admirablement avec une jeune beauté; et perdre le plus gaiement, le plus follement du monde, son argent à l'écarté; là surtout brillait sa philosophie; jamais on ne s'apercevait sur sa figure de la perte ou du gain qu'il faisait au jeu; pas la moindre altération dans ses traits; sa physionomie paraissait impassible; on l'eût pris pour un vrai stoïcien; encore moins laissait-il échapper les éclats d'une joie immodérée si la fortune le favorissait, ou les explosions d'un désespoir mal dissimulé, s'il était trahi par le sort; en un mot, avec des passions très-vives, nul, peut-être, dans un cercle, n'a mieux su les captiver ni conserver son âme dans un équilibre plus parfait.

Touchée d'un mérite aussi rare, que depuis long-temps elle avait été à même d'apprécier, une jeune veuve, que j'appellerai Mme de Valmont, quoiqu'il me fût bien doux de la nommer, invita mon ami à un dîner splendide qu'elle donnait le jour de sa fête à ses plus intimes connaissances, c'est à dire à l'élite de la meilleure société, dont sa maison était le rendez-vous. On sait que dans ce jour, et en pareille circonstance, personne n'est exempt de présenter à celle qui est l'objet de la fête l'hommage obligé d'un compliment et d'un bouquet. Philoménor voulut se signaler par un présent qui fût l'expression de sa vive reconnaissance pour les bontés dont cette dame l'avait comblé depuis son séjour en France; il saisit donc l'instant où elle était absente. pour faire transporter dans les jardins de son hôtel une quantité prodigieuse de fleurs et d'arbustes les plus rares, dont il fit border avec goût les tapis de verdure et parfumer les bosquets. Le soir, après le concert, où s'étaient fait entendre les principaux virtuoses de la capitale, et notamment le célèbre Paër, Romagnesi et Fabri Garat, Philoménor offrit à Mme de Valmont une corbeille renfermant des vins de Chypre et de Malvoisie, des conserves de Rhodes, des essences de Constantinople et plusieurs cachemires des Indes, d'une finesse et d'un dessin exquis, auxquels étaient attachés ces vers, qu'il récita avec une émotion si vive, et si mêlée de crainte et d'espérance, que celle à qui la pièce était adressée s'empressa de rassurer l'auteur par les regards les plus doux et les plus satisfaits.

O vous à qui la Grèce
Eût décerné le sceptre des Amours,
Souffrez que ma tendresse
Paye un tribut à vos divins atours.
Dans vos mains sont mes destinées.
A l'aurore de mes années,
Fallait-il, par respect, vous cacher mon ardeur
Et les tendres secrets de mon sensible cœur?
Ma muse, trop long-temps muette,
Prit pour modèle une humble violette
Qui, sans briguer de vulgaires faveurs,

Pour vous seule eût voulu, sous sa feuille discrète,
Conserver ses parfums, son velours, ses couleurs ;
J'imitais, chaque jour, le fleuriste qui n'ose
En hiver exposer la rose
Au souffle affreux des ouragans ;
Dans la serre, abritée, il la retient captive;
Sous le verre, ô prodige ! et par des soins constans,
La rose a plus d'éclat, une fraîcheur plus vive,
Qu'en s'ouvrant en plein air aux beaux jours du printemps.

Mme de Valmont se montra sensible à des attentions aussi délicates, et plus encore à des sentimens exprimés avec une réserve aussi respectueuse, elle donna ses ordres, et ménagea au jeune Grec une surprise digne d'elle.

On avait annoncé le dîner. Philoménor, ayant présenté la main à celle qui avait daigné recevoir un aveu pour ainsi dire caché sous un voile transparent, descendit dans une salle ronde, à demi éclairée par la douce clarté des lampes, où conduisait un escalier intérieur à double rampe, tout orné de vases de porcelaine et d'albâtre, dans lesquels s'épanouissaient les tubéreuses de Perse et les jasmins de l'Arabie. Mon ami fut moins étonné des doux parfums qui s'exhalaient des cassolettes de vermeil, de l'air embaumé qu'on respirait, de la profusion des mets, de leur variété, de leur recherche, que de l'intention marquée de lui rappeler sur les plateaux et dans tout le service les monumens et les plus beaux sites de la Grèce, recréés pour ainsi dire par le génie du confiseur et le pinceau de nos plus habiles artistes. L'exécution d'un semblable prodige est facile à Paris, dans un hôtel où la maîtresse de la maison consacrait chaque année une partie de ses revenus à protéger tous les genres d'industrie. Par un goût particulier, elle avait réuni dans ses nombreux appartemens les meubles les plus précieux et les mieux conservés, depuis le règne de François Ier jusqu'à celui de Louis XVIII. Les premières pièces semblaient défendues par des paladins revêtus de leurs armures; autour de ces héros, brillaient de toutes parts leurs armes étincelantes, leurs antiques bannières et les trophées de leurs exploits; on ne trouvait là que plafonds peints et surchargés de dorures, que parquets formés d'armoiries; ici des guéridons, des candélabres d'un goût bizarre; plus loin, des tables de Boule et de Florence; des incrustations, des mosaïques, des bas-reliefs, des bustes, des statues, des tableaux de toutes les écoles; ailleurs, on admirait des vases étrusques, des coupes d'agathe, des magots de la Chine, des cabarets du Japon, des papiers de Pékin, des tissus de Flandre, des tapisseries des Gobelins, et jusqu'à des glaces de Venise; tout s'y trouvait distribué sans confusion, et d'après des combinaisons méditées et réfléchies.

Au dehors même de l'édifice l'entrepreneur avait sagement évité ces dissonances qui résultent quelquefois du mélange des styles. Pour que l'architecture mauresque n'ôtât rien de l'élégance des ordres dorique et corynthien qui régnaient avec tant de pompe et de magnificence dans la principale façade, l'habile architecte avait adroitement dessiné des croisées gothiques, et placé des vitraux sombres et colòriés, à l'extrémité latérale d'un pavillon de l'hôtel. En quittant les appartemens de cette aile, où l'ameublement correspondait si bien avec les constructions extérieures, en avançant dans cette espèce de muséum, on se figurait changer de siècle sans vieillir; on jouissait des trésors transmis par ses ancêtres, sans perdre le fruit des progrès immenses des arts se développant sous les Valois et brillant d'un éclat immortel sous Louis XIV; on les voyait enfin décliner sous la régence, dégénérer sous Louis XV, et reprendre une nouvelle splendeur dans les dernières années de Louis XVI, par l'adoption des formes grecques et l'étude assidue des grands modèles qui, depuis cette époque, ont enfanté tant de chefs-d'œuvre.

C'était là que les brillans cristaux, la nacre, l'acajou, le santal, la malachite, l'or moulu et l'albâtre transparent, reproduits dans toutes les parties de l'ameublement, étaient reflétés avec les velours, les lampas et le brocard, dans des trumeaux éblouissans, et reposaient sur des tapis où les fleurs indigènes ou exotiques trompaient les yeux et semblaient inviter la main à les cueillir; c'était là enfin que les tableaux des Gérard et des Legros, des Girodet et des Hersent, des Lescot et des Bouton, des Granet et des Vandael, des Vernet et des Bertin, des Thomas et des Deharme, des Berré et des Jacquotot, des Saint et des Bergeret disputaient la palme aux Bosio et aux Raggi, aux Dupaty et aux Flatters, et à nos autres Phydias modernes; par le luxe des décors et ses raretés en tout genre, cet hôtel était un véritable palais de fée. Enfin l'orchestre successif de pendules à musique, qui se trouvaient partout, achevait de compléter cette espèce d'enchantement. Depuis qu'on s'était mis à table la politique avait occupé tout le monde, et l'urbanité française avait mis toutes les opinions à l'unisson; on n'en avait pas été plus d'accord; mais, par des égards réciproques, par des concessions mutuelles, on avait paru l'être; la politesse avait réalisé le système des compensations. Jamais les idées de M. Azaïs n'avaient été plus démontrées par le fait. Ainsi les usages d'un monde choisi avaient étouffé la voix d'une contradiction trop prononcée, et opéré ce rare prodige.

On avait su que nous avions assisté à la séance royale pour l'ouverture des chambres. On pria Philoménor d'analyser le discours du Roi, et de répéter les morceaux les plus frappans, que son excellente mémoire avait presque retenus en entier. « Je n'oublierai jamais, dit-il, les paroles de Sa Majesté, où la touchante bonté d'un père s'allie si parfaitement avec la sagesse du législateur et la dignité du monarque. Ce n'est pas sans peine que j'ai pu saisir ses augustes traits. Je dois, il est vrai, en accuser uniquement le bizarre costume de certaines étrangères (1). Dans une autre occasion, ajouta-t-il, j'ai conçu de bien flatteuses espérances pour le bonheur de mon pays, puisque « la prudence « et le bon accord de toutes les puissances de « l'Europe trouveront moyen de satisfaire à « ce que la religion, la politique et l'huma- « nité peuvent justement demander (2). » J'aime à le croire, c'est en secondant nos efforts par une protection puissante. »

(1) Le jour d'une séance aussi solennelle il n'y aurait aucun inconvénient, ce me semble, à faire revivre même pour les hautes galeries, l'ancienne étiquette de la cour. Ces chapeaux évasés, ces capotes énormes garnis de longues plumes, sont de véritables écrans, qui dans les tribunes élevées masquent absolument le coup-d'œil de la salle aux spectateurs du second rang. Il serait donc bien d'obliger les dames qui s'y rendraient à n'y paraître qu'en grande toilette. La toque, le turban, les diadêmes de fleurs, de perles ou de diamans seraient beaucoup plus convenables; le coup-d'œil de la salle en serait plus brillant; et les hommes qui souvent cèdent leurs places à des inconnues, n'auraient pas lieu de se repentir de leur galanterie.

(2) Phrase extraite d'un des dicours de Sa Majesté.

Philoménor avait à peine achevé, que la conversation se dirigea tout naturellement sur les grands intérêts de sa patrie.

CHAPITRE L.

Dicussion sur la cause des Grecs et des Turcs. — Légitimité des Ottomans. — MM. de Bonald, Condorcet. — Bacon. — Les Comnènes. — Droits des Bourbons au trône de Constantinople. — L'intérêt politique et l'intérêt mercantile reconnaissent seuls la légitimité turque. — Mesures du gouvernement anglais relatives aux Sept îles. — Défense de l'Angleterre. — Conquête de l'Inde, facile pour la Russie. — Motifs de l'insurrection grecque. — Les Grecs ne sont point des carbonari. — L'équilibre de l'Europe détruit, peut être aisément rétabli ; moyens. — Selon certains Anglais, les Grecs ne sont propres qu'à l'esclavage. — Réclamation de Mme de Valmont à ce sujet. — Peinture du sérail actuel de Constantinople, d'après le fidèle récit d'un des médecins de Sa Hautesse.

La cause des Turcs et des Grecs fut longtemps débattue. Un seul des nombreux convives employa tous ses efforts à prouver que la domination des Ottomans sur la Grèce était légitime. Conséquemment, selon lui, les Hellènes n'étaient qu'une tourbe de factieux et de rebelles. Philoménor se consola facilement des sarcasmes virulens de cet ami du despotisme. Une raison puissante dut y contribuer. Les dames avaient pris le parti de ses compatriotes; toutes, sans exception, s'étaient déclarées en leur faveur. Cependant un suffrage aussi prépondérant ne put arrêter le zèle ou pour mieux dire l'entêtement du patron des Musulmans. M. d'Angloturqui, que semblait excuser son grand âge et l'honneur d'être proche parent de Mme de Valmont, M. d'Angloturqui persista donc à fronder l'opinion générale, et soutint vigoureusement que les souverains de l'Europe devaient appuyer le Grand-Seigneur, d'après le traité de la sainte alliance, qui garantit toute espèce de légitimité. Et, certes, ajouta-t-il, la légitimité du Croissant est bien aussi respectable que celle des autres potentats. Ne vous souvenez-vous plus, Messieurs, qu'en 1451 les Grecs, près de tomber sous le joug de Mahomet, implorèrent le secours des Albanais, chrétiens comme eux, et que, bientôt opprimés par ces prétendus protecteurs, devenus leurs tyrans, ils se trouvèrent trop heureux de se jeter dans les bras du sultan?

Avez-vous oublié qu'il y eut alors un pacte entre les Turcs et les Grecs ; pacte cimenté par le mariage de Mahomet avec la fille de Démétrius, héritière des Césars ? Cette convention n'est-elle pas un traité solennel dans lequel les avantages respectifs des deux parties furent réciproquement convenus et stipulés? » « Quoi! Monsieur, reprit M. d'Ancourt, un mariage, conseillé par la politique, ne fut pas toujours en Europe le gage d'une alliance indissoluble entre un usurpateur et le souverain dont il épousait la fille ; et vous voudriez qu'une semblable union enchaînât pour jamais au joug d'un tyran une nation entière ? » « Eh! Monsieur, répliqua M. d'Angloturqui, je vous donnerai des raisons bien plus fortes ; à la paix de 1716, on vit les premières familles de la Morée négocier avec une activité extrême pour échapper à la domination de Venise, qui réclamait cette presqu'île, et pour obtenir de rentrer sous l'empire des Turcs. Ainsi donc, comme vous le voyez, Monsieur, l'autorité que la Porte exerce sur les Grecs fut absolument fondée sur le propre consentement de la nation asservie et sur sa volonté clairement exprimée. » « Dites plutôt, répondit M. de

Pontac, sur la plus dure nécessité. A ces deux époques, les Grecs se trouvèrent réellement dans la position d'un malheureux qui, harcelé par deux voleurs, livre sa bourse à la discrétion de celui qui lui paraît le plus débonnaire; oui, Monsieur, dans la véritable situation de cet infortuné voyageur, qui, arrêté au fond d'une forêt, par deux brigands, livre son or et sa personne à Mandrin (1) pour échapper à Cartouche.»

« Mauvais subterfuge! escobarderie pure! reprit M. d'Angloturqui. Je suis fâché de vous le dire; mais la légitimité ottomane en existe-t-elle moins, en supposant même qu'elle ne se soit établie que par la force!»

« Comme vous, M. d'Angloturqui, je respecte la légitimité, répliqua le président de Pontac; mais la tyrannie la plus insensée, la plus cruelle, la plus atroce, la plus barbare, la plus immorale, aurait-elle en Europe une légitimité invulnérable? y aurait-elle une inviolabilité sacrée? Et comme l'a fort bien

(1) Scélérat qui mettait au moins des procédés dans sa manière de détrousser les passans, et qui parfois donnait même aux indigens.

dit un de nos plus célèbres écrivains, qui ne doit pas vous être suspect, M. de Bonald : « Il « y a une autre légitimité, la plus sainte de « toutes, celle de la raison et de la vérité. « Toute société qui, par la faute de ses lois, « ne peut pas conduire les hommes à leur « perfection morale, toute société qui, comme « celle des Turcs, condamne ses peuples à « une immuable stupidité, c'est Condorcet « qui l'a dit, toute société où les lois sont « contraires à la nature de l'homme et de la « société, où la religion est absurde, où les « pratiques sont barbares ou licencieuses, « n'est pas une société légitime, puisqu'elle « n'est pas conforme aux volontés du père « et de l'auteur de toute société. Bacon a « fait un traité exprès, *de Bello sacro*, pour « prouver que les puissances chrétiennes pou- « vaient ou devaient faire la guerre aux Turcs, « qu'il appelle un peuple *ex lex*, hors de la « loi des nations. »

« La véritable légitimité, reprit Philoménor, n'existe réellement que dans la famille des Comnènes (1), ou même dans celle des

(1) Ils ont été reconnus tels par Louis XVI.

Bourbons, à qui le dernier rejeton des Césars de Bysance légua ses imprescriptibles droits; mais, hélas! les Comnènes sont naturalisés Français; cette seconde qualité, ajoutée au plus recommandable de tous les droits, ne sera-t-elle point pour l'Angleterre un titre d'exclusion? Et les chefs du pouvoir exécutif qui gouvernent la Grande-Bretagne, cette terre qui produisit l'immortel Bacon, persisteront-ils à rejeter ces sages principes?»

« Qui ne sait, répliqua le président, comme l'a si bien indiqué l'auteur que j'ai déjà cité, que deux motifs, l'un mercantile, l'autre politique, se cachent derrière ce scrupule de légitimité?» « Tous les raisonnemens de Bacon et du législateur français, que vous citez, Monsieur, sont si fondés, reprit Philoménor, qu'il n'y a jamais eu d'autre transaction positive entre le peuple conquérant et la nation asservie, que celle qui s'écrit avec la pointe du cimeterre; il n'a jamais existé de fusion réelle des vainqueurs et des vaincus, comme à la Chine, lorsqu'elle a subi le joug des Tartares.» « Comme dans les Gaules encore, ajoutai-je, après la conquête des Romains, et plus tard, après les différentes invasions des Normands, où, peu à peu, les nuances étrangères et provinciales s'effacèrent, et, de nos jours, se confondirent, pour ne faire qu'un seul peuple de Français, ayant les mêmes habitudes et les mêmes lois. »

« Qu'est-ce donc que cela prouve ? s'écria de nouveau M. d'Angloturqui ? Aussi, les Anglais, ce peuple philosophe, ce peuple qui respecte si scrupuleusement les lois existantes, s'est formellement déclaré pour soutenir le Grand-Seigneur ; et en cela ils ont agi très-sensément. Votre M. de Bonald a-t-il prévu toutes les conséquences qui découlent naturellement de ses principes, et le contre-coup qu'en pourraient recevoir les légitimités de la Chine, de l'Indostan et de l'Afrique ? Cet aperçu vrai doit vous prouver que les Anglais ont pris le parti le plus sage et le plus juste. »

Philoménor, qui avait appris depuis long-temps qu'un bill de la Grande-Bretagne défendait aux Anglo-Ioniens d'amener aucun secours à leurs compatriotes, regardait les contrevenans comme pirates, empêchait même le remboursement des sommes d'argent qui leur étaient dues, enjoignait d'aider le Turcs, d'avertir les pachas des manœuvres des indépendans; instruit d'ailleurs que ces mesures n'étaient pas seulement comminatoires, mais qu'elles recevaient leur exécution ; que l'on incarcérait à Zante les jeunes gens qui voulaient rejoindre les insurgés de la Grèce; qu'on les y mettait dans des cages de fer (1); qu'on y séquestrait les armes et les munitions expédiées d'Italie ; que les Anglais avaient fourni des secours considérables aux Turcs(2), transporté leurs troupes et dirigé leurs plans de campagnes (3); qu'ils avaient rejeté sans pitié des Céphaloniens qui, blessés dans la

(1) Journal des Débats, sous la date du 14 janvier.

(2) « Plusieurs officiers anglais ont passé au service « du Grand-Seigneur, et dirigent les fortifications « qu'on élève à Constantinople. » *Courrier Français*, 6 mars 1822.

« Notre correspondant de Malte nous informe que « le fils du commandant des flottes combinées turques « et égyptiennes, est parti pour l'Angleterre, à l'effet « d'acheter des armes et des munitions pour une somme « me considérable. » *Chronicle*, du 5 avril 1822.

(3) Voyez tous les journaux du temps et notamment les *Débats*, où se lit cette phrase remarquable : « Les Turcs sont conseillés par certains Européens « qui n'aiment pas à voir des marins, soit militaires,

guerre du Péloponèse (1), venaient se faire guérir dans leurs familles; qu'après la prise de Corynthe, sir Maitland, lui-même, avait signifié l'ordre du plus prompt départ aux malheureux habitans de cette ville, lorsqu'ils s'empressaient de se réfugier dans les îles Ioniennes pour se soustraire à la fureur ottomane; Philoménor, dis-je, eut assez de force pour maîtriser l'indignation que lui avaient inspirée les dernières paroles de M. d'Anglo-turqui; il se contenta de répliquer avec fermeté, que des mesures qui blessaient autant le droit des gens ne pouvaient être dictées que par l'intérêt le plus personnel. Les Anglais, ajouta-t-il, ce peuple civilisé et régi par des lois constitutionnelles, ne serait certainement pas le partisan et l'allié du sultan, s'il ne craignait de voir un jour contre-balancer sa puissance par les flottes de la Grèce, de la

« soit marchands, autre part que dans leurs propres « ports. L'Angleterre a le plus grand intérêt à laisser « détruire la marine marchande de la Grèce, qui forte « de mille à douze cents bâtimens, s'était emparée de « tout le commerce de transport dans les mers du Le- « vant. »

(1) Voyez tous les journaux du temps.

Russie et des Etats-Unis (1); et de se voir arracher ses plus riches possessions dans les Grandes-Indes.

(1) « La marine des insurgés grecs qui ne fait que de naître, fixe déjà l'attention de l'Europe. Cette marine est la propriété des principaux négocians de Spezia et Psara auxquels se sont jointes d'autres maisons de commerce de plusieurs îles de l'archipel, dont la fortune mobilière est évaluée à près de quarante millions. On cite la seule maison de Konluruly, de l'île d'Hydria, qui, riche de huit millions d'Espagne, a équipé à ses frais trente vaisseaux de toute grandeur : d'autres maisons en ont dix, huit, cinq, dans la proportion de leurs moyens. Beaucoup de négocians moins aisés se sont réunis pour fournir à la flotte un navire. Les principaux propriétaires de ces vaisseaux forment le conseil de l'amirauté qui, comme l'on sait, a été établi à l'île d'Hydria. Ce conseil dirige exclusivement toutes les opérations maritimes. La flotte grecque, telle qu'elle est maintenant, compte à peu près cent cinquante bâtimens, depuis quinze, jusqu'à trente et quarante canons; un plus grand nombre en a moins de quinze. Il y a cinq cents petits navires, qui ne sont armés que de deux à cinq canons. Les vaisseaux qui ont plus de quinze canons, sont répartis en quatre divisions, dans chacune desquelles se trouvent répartis un certain nombre de petits navires. » *Journal de Paris*, 24 septembre 1821.

« Supposons, s'écria M. d'Angloturqui, que vos présomptions soient fondées, les Anglais auraient-ils tort? Je plains les malheurs des Grecs, ajouta-t-il en regardant Philoménor; mais, quoi! parce qu'il plaît à une poignée d'imprudens séditieux de devenir indépendans, soit sous l'étendard d'Ali ou la bannière de la Croix, peu m'importe, et surtout de jeter les fondemens d'une marine rivale, vous voudriez, Monsieur, que l'Angleterre fût exposée à perdre subitement un territoire habité par plus de quarante millions d'hommes; cet immense continent, dont la souveraineté lui fut acquise par la politique la plus raffinée, et au prix de tant de sang, de sacrifices et de trésors; oubliez-vous, Monsieur, combien l'Europe a d'obligations à cette puissance? Oubliez-vous les sommes énormes que cette grande et généreuse nation a prodiguées pour soudoyer toutes les coalitions formées en faveur de la bonne cause? Ce seul motif devrait vous faire prendre parti contre les ennemis de sa gloire et de sa prospérité. Allez, Monsieur, il y a de l'ingratitude dans les reproches que vous adressez à ce gouvernement; oui, de l'ingratitude, c'est le mot propre. » « Vous nous persifflez, M. d'Angloturqui, avec une grâce infinie, répliqua le président de Pontac. Cependant la plaisanterie doit paraître un peu forte : l'Angleterre, dans ses prodigalités, n'aurait-elle écouté que les intérêts des autres? aurait-elle, par hasard, négligé les siens? Les faits parlent ici : Malte (1), les îles Ioniennes, le Cap de Bonne-Espérance, l'Ile-de-France et Candie me dispensent d'entrer dans de nouveaux développemens ; au surplus, Monsieur, il faudra bien, peut-être, que l'Angleterre se résigne un jour à la perte inévitable du continent indien (2), s'il plaisait aussi à la Russie de rendre à l'Indoustan ses vrais souverains; oui, Monsieur, ses souverains légitimes, et surtout de le vouloir avèc persévérance. Une

(1) Qu'elle ne conserve qu'au mépris du Traité d'Amiens. (Voir ce Traité.)

(2) Terreur ostensiblement manifestée dans le journal ministériel anglais, où se lisaient en toutes lettres, ces mots d'alarmes : « Que l'on chasse les Turcs d'Europe; qu'on rende à l'Asie-Mineure ces villes, cette population et ces richesses, qui en faisaient le jardin du monde, au siècle d'Alexandre, et notre empire de l'Inde n'aura pas dix ans d'existence. »

pareille entreprise, qui n'était pour nous que le rêve le plus fatal, serait la chose du monde la plus facile pour cette puissance; il ne s'agirait que d'être bien d'accord avec la Perse; mais alors, pour consolider cette révolution, il faudrait y porter nécessairement les lumières de notre civilisation et de notre culte déjà répandu dans ces climats; car sans ce double bienfait, qui serait offert à ces peuples sans contrainte, ce serait faire sortir ces nations d'un gouffre affreux, pour les faire retomber dans un autre tout aussi redoutable, et y semer de nouveau les germes pestilentiels du despotisme et de la superstition musulmane, que tous les amis de l'humanité désirent extirper d'Europe. » « Admirables projets! reprit ironiquement M. d'Angloturqui; je crois néanmoins qu'ils seront longtemps ajournés par l'amour de la paix et la crainte de verser le sang humain, principes que semblent professer, dans ce moment, les monarques alliés; et puis, Monsieur, vous devez sentir que le peuple conquérant n'abandonnerait jamais ces belles contrées sans y avoir été forcé par la lutte la plus violente et la plus opiniâtre. Je ne puis enfin vous dissimuler ma surprise en vous voyant prendre si chaudement la défense de ces rebelles. Il semble que vous ignoriez que leur révolte a été secrètement combinée avec les troubles de Naples et du Piémont, et qu'elle a été véritablement excitée et payée par tous les carbonari d'Espagne, de France et d'Italie; cela est indubitable; et, je vous le demande, l'émancipation de ce peuple, dont le principe découlerait d'une source aussi impure, peut-elle être, aux yeux d'un homme d'honneur tel que vous, excusable et légitime? Plaignons, comme je vous l'ai dit, les malheureuses victimes de la levée de bouclier d'Ulysséus et de l'équipée d'Ypsilanti. Sur ce sujet, je suis d'accord avec vous; cependant vous me permettrez de vous faire observer, en dernière analyse, que cette insurrection, fût-elle juste en soi, est souverainement intempestive : il fallait attendre un meilleur sort d'événemens imprévus. » « Vous tranchez la question bien à votre aise, M. d'Angloturqui, répliqua vivement Philoménor. Je le conçois, la patience est une vertu facile à pratiquer, quand on vit, comme vous, sous des lois qui protègent également la vie, les biens, la sûreté, et tous les justes droits de l'homme en société; mais si, comme les malheureux Grecs, vous eussiez gémi pendant des siècles sous un joug de fer; si vous étiez sans cesse exposé aux avanies, aux massacres; si vos propriétés privées, publiques et religieuses étaient perpétuellement violées, ravagées et détruites, alors je vous verrais, j'en suis bien sûr, tenir un autre langage; et puis, où sont les preuves de tant d'assertions hasardées? On a fait passer des armes, des munitions et des sommes d'argent aux Grecs : pourquoi calomnier des cœurs honnêtes et sensibles qui se sont attendris sur de si touchantes infortunes? Vous parlez de *carbonari*, lorsqu'il est positif qu'ils ont été invités d'aller chercher fortune ailleurs, sitôt qu'ils ont voulu s'impatroniser dans l'administration (1). Croyez-vous que les hommes les plus respectables de notre nation, nos patriarches, nos cénobites, nos propriétaires et nos négocians, puissent être les amis et les propagateurs de l'anarchie? Qu'y auraient-ils à gagner? » « Eh! Monsieur,

(1) *Quotidienne* du 30 octobre, sous la date d'Hambourg.

reprit M. d'Angloturqui, si la Porte succombe, nous ne connaissons point les résultats d'une pareille catastrophe, et peut-être l'équilibre de l'Europe est rompu. » « Rassurez-vous, M. d'Angloturqui, les Grecs, en brisant leurs fers, savent trop bien que, sans une juste liberté, limitée par la modération et la sagesse, aucune constitution humaine n'est bonne, solide et durable; et ils ont, je vous le proteste, le projet bien formel de baser leurs institutions politiques uniquement sur la justice, et de se soumettre pour jamais au joug d'équitables lois, aussitôt que la victoire aura permis à nos Solon modernes de les dicter (1). »

« Si vous éliminez la Sublime-Porte des puissances de l'Europe, où se trouve la garantie de cet équilibre essentiel, nécessaire, que je réclame, ne cessait de s'écrier M. d'Angloturqui? le nom de la Grèce libre serait

(1) Depuis que ceci est écrit, on mande de la frontière de la Moldavie, que les députés de la junte d'Argos sont chargés de déclarer aux puissances étrangères, qu'ils sont disposés à écouter toutes propositions sur la forme de leur gouvernement. *Courrier*, sous la date du 21 février 1821.

« (comme l'a dit un publiciste profond), une « note nouvelle dans la gamme politique de « l'Europe, et qui en troublerait l'harmonie. « A présent la Grèce est une nullité attachée « à cette grande masse d'inertie, qui, sous le « nom d'empire Ottoman, sépare l'Asie de « l'Europe. » « Vous conviendrez, au moins, avec moi, reprit M. de Clinville, vous conviendrez que cet équilibre est déjà très-sérieusement ébranlé par la loi de la nécessité; je veux dire, par l'insurrection des Grecs, qui paraît s'accroître et s'affermir de jour en jour; mais, si cet équilible est rompu, n'existerait-il aucun moyen de le rétablir par des compensations favorables à toutes les puissances du continent? Que diriez-vous, monsieur d'Angloturqui, si par l'influence de l'empereur Alexandre (1) les résultats infaillibles, inévitables, de la première guerre que la France aurait à soutenir avec ses voisins, étaient le

(1) L'immortelle Catherine disait à un ministre de Louis XV, à M. de Choiseul, je crois : « Je règne au « nord, et votre maître au midi de l'Europe; si la « France était constamment alliée avec la Russie, il « ne se tirerait pas un seul coup de canon sur le con- « tinent, sans notre permission. »

fruit d'arrangemens pacifiques, sans que, pour les obtenir, une goutte de sang Français eût été versée sur nos frontières? Que diriez-vous si la Belgique, les bords du Rhin et la Savoie rentraient sous la domination française, au moment où le roi d'Hollande et le roi de Sardaigne trouveraient, pour les pays qu'ils nous auraient cédés, de suffisantes indemnités, des indemnités beaucoup plus avantageuses pour leurs intérêts; le premier, dans les possessions occidentales de la Prusse, et le second dans le Milanais; tandis que l'Autriche et la Russie, en indemnisant la Prusse par le Hanovre et des extensions de territoire en Pologne, se partageraient l'empire du Croissant. Pour rendre même cette balance des puissances plus solide, on accorderait quelques îles de l'Archipel à la France.» « Et l'Angleterre, s'écria M. d'Angloturqui, pâlissant de colère, l'Angleterre, que gagnera-t-elle à ce beau partage? » « Tout ce qu'elle a su prendre et garder, répliqua M. de Clinville; et vous conviendrez avec moi qu'elle n'aura pas lieu de se plaindre du lot qui lui est adjugé. »

« Méditez mon plan, monsieur d'Angloturqui, ajouta M. de Clinville, et vous verrez que par ces concessions réciproques, l'équilibre serait parfaitement rétabli. » « Oui, si cela était possible, répliqua M. d'Angloturqui; toutefois, en écoutant vos projets, je ne savais, à vous parler franchement, si vous étiez bien éveillé. Supposons qu'on assiste les Grecs; « ils n'ont pas les ressources nécessaires pour « être indépendans sous aucune forme de « gouvernement, c'est le sentiment des meil- « leurs publicistes anglais. » « Qu'en savent-ils? s'écria Mme de Valmont. L'expérience et le temps seuls nous l'apprendront. Et puis comment peut-on mépriser, sans preuves, un peuple si malheureux? et, surtout, défendre ces Turcs, dont le sot orgueil et le mépris pour les autres nations les empêche d'apprécier à leur juste valeur notre civilisation? Il est incroyable, et je ne puis m'empêcher de le faire observer à M. d'Angloturqui, il est incroyable qu'on se montre aussi partisan de ces barbares, qui font assez peu de cas de notre sexe, pour le placer au niveau de la brute, ou plutôt qui osent nous assimiler à des machines organisées et très-essentiellement obéissantes. » « Ne vous y trompez pas, Madame, répondit M. d'Angloturqui, les odalisques sont fort heureuses ; elles ne connaissent pas, il est vrai, cette liberté *grande* dont souvent, permettez-moi de vous le dire, certaines femmes abusent un peu trop chez nous ; et, comme l'a fort bien dit Voltaire :

On ne peut désirer ce qu'on ne connaît pas.

« Aussi ce prétendu bonheur s'éclipse-t-il promptement, répliqua la présidente, lorsque ces infortunées viennent à connaître les mœurs et les usages de l'Europe ; et je dois au plus singulier hasard de m'en être convaincue moi-même ; car, vous le savez, Mesdames, je suis née à Constantinople, que j'ai quitté fort jeune. Répandue de bonne heure dans la société la plus distinguée de cette capitale, j'ai vu bien des choses qui ont échappé à beaucoup d'autres ; la connaissance approfondie que j'avais du turc et des autres idiomes étrangers, m'avait mise en relation intime avec les femmes des ambassadeurs près la Porte, dont j'avais acquis la confiance et l'amitié. Ces dames sont ordinairement très-instruites, mais très-rarement versées dans les langues orientales; presque toujours je leur servais de truchement; et, sous ce rapport, devenue pour elles une confidente nécessaire, j'étais de tous leurs plaisirs. Peu de temps donc après la retraite des Français de l'Egypte, époque où le divan, ivre de joie, ne savait rien refuser à l'Angleterre (1), un des amiraux de cette nation, dont la flotte avait mouillé près des Dardanelles, témoigna le désir de visiter la maison de campagne du capitan pacha; ce qui lui fut à l'instant accordé. Non-seulement cet Anglais obtint la permission de s'y rendre avec son état-major, mais encore d'y conduire les dames qu'il lui plairait d'inviter. Pour ce jour, on séquestra toutes les femmes du pacha dans une galerie d'où, sans être aperçues, elles pouvaient jouir de ce spectacle à travers des voiles transparens. Je fus engagée à cette fête avec plusieurs de mes amies, et nous eûmes la rare faveur de communiquer avec les odalisques, et même de leur parler pendant que l'amiral et ses officiers parcouraient les appartemens et se promenaient dans les jar-

(1) Son crédit, alors, était immense.

dins. A l'aspect de ces militaires, presque tous bien faits, d'une belle figure, et dont l'uniforme élégant relevait encore la bonne mine, ces beautés asiatiques étaient hors d'elles-mêmes; toutes voulaient considérer de plus près ces jeunes guerriers, dont la vue seule les transportait de plaisir et d'admiration. Les gardiens du harem eurent toutes les peines du monde à les retenir; leur vigoureuse résistance fut même punie d'une manière assez plaisante par les odalisques, qui les accablèrent de coups, et leur prodiguèrent tous les outrages que peuvent inspirer la colère, le mépris et le désespoir. « Eh quoi! nous dirent-elles, quand elles furent un peu calmées, il vous est donc permis de vivre, de vous trouver sans cesse, de causer sans obstacle avec vos frères, vos amans, vos époux! Oh! que votre sort est différent du nôtre! Que votre bonheur est digne d'envie! »

« Mais, Madame, reprit M. d'Angloturqui, ce fait isolé ne détruit point mon assertion; c'est une occasion qui ne se présentera peut-être pas une fois en dix siècles. » « Soit, répondit Mme de Valmont; je veux être d'accord avec vous sur ce point; néanmoins, devez-vous persister à les croire heureuses? Quelle triste situation que celle de ces pauvres créatures! être presque continuellement enfermées dans une espèce de donjon qu'on appelle sérail! être toujours assises sur des tapis, y perdre l'usage de marcher! prendre chaque jour des bains de vapeur qui vous préparent une vieillesse douloureuse et anticipée! ne songer qu'à sa toilette, poudrer ses cheveux en rouge, arquer ses sourcils, teindre ses ongles, et, malgré ces soins recherchés, négliger une propreté de rigueur! Le croiriez-vous, Mesdames, si un médecin récemment arrivé de Constantinople ne me l'avait assuré, elles ont des dents affreuses! et cette négligence est d'autant plus étonnante, qu'elles épuisent chaque jour tous les moyens de plaire, et pour qui, grands dieux! pour un maître capricieux, tyran fantasque et barbare, qui vous fait garder par cent geoliers affreux, qui, pour la plus petite erreur, la moindre fragilité, que vous dirai-je, un soupçon d'intelligence avec quelque jeune icoglan, vous envoie à l'instant même le fatal cordon; ou, sans autre forme de procès, vous fait jeter, bien et dûment empaquetées, au fond de la mer! » « Rien n'est malheureusement plus vrai, s'écria la présidente : quel événement me rappelez-vous? A la mort de Sélim, plus de cinq mille odalisques furent égorgées; et jamais peut-être je n'entendis des gémissemens plus profonds, des cris plus horribles, plus épouvantables. Cet affreux événement, suite d'une catastrophe politique, n'est pas le seul que ma mémoire se rappelle. Après de longs malheurs, le fils d'un émigré français s'était réfugié à Constantinople; pour s'assurer dans cette capitale des moyens d'existence, il se livra à des spéculations de commerce. Avec les débris d'une fortune jadis immense, il fit venir de Paris une prodigieuse quantité d'objets de luxe ou de fantaisie, et ouvrit des magasins très-brillans dans le faubourg de Péra; son établissement fit bruit jusque dans le sérail, et piqua même la curiosité des sultanes. Une d'elles s'y étant fait conduire (1), fut singulièrement frappée de la beauté et des

(1) Elles sortent dans des chariots couverts d'étoffes brodées en or; ces chariots sont traînés par des bœufs richement caparaçonnés.

grâces du jeune émigré, et en devint subitement éprise. Tout en ayant l'air de s'occuper des curiosités qui lui étaient offertes, tout en mettant de côté les objets dont elle avait fait choix, elle lui déclara naïvement la passion violente qu'elle ressentait pour lui, le pressa de la suivre et lui en indiqua les moyens.

Malheureusement, l'infortuné Français fut assez imprudent, pour céder aux instances de la favorite; déguisé sous des habits de femme, il parvint à pénétrer jusque dans l'intérieur le plus secret du harem du Grand-Seigneur. Bientôt après on découvrit cette intrigue, et le châtiment le plus terrible fut le prix de la témérité de ce jeune audacieux. Saisi, garotté, torturé, cousu dans un sac, les noirs le précipitèrent dans le Bosphore, et sa complice eut une fin aussi tragique. » « Je sais, reprit Mme de Valmont, qu'il y a des compensations à ces petits désagrémens de leur état; souvent on jette un filet d'or sur leur captivité et sur les dangers qui les environnent; je sais qu'on les couvre de tissus précieux; qu'on prodigue, dans leur parure, des diamans sans nombre, les perles de l'Inde et les pierreries de toutes nuances; je sais qu'on leur permet la broderie, la musique (1), et l'usage des parfums les plus exquis. Quelquefois elles assistent à des ballets qu'on dit insipides. Elles ont encore le privilége de se promener sur le Bosphore, dans des gondoles dont les voiles de pourpre les dérobent aux profanes regards; je sais tout cela; mais d'aussi faibles avantages dédommageront-ils une femme d'esprit qui pense, qui réfléchit et qui raisonne? Et, j'aime à le croire, sur cinq cents femmes, toutes ne sont pas des automates.

« Je ne crois point au bonheur sans la sûrete individuelle, sans une juste liberté, dont les bornes sont fixées par la conscience intime et de sages lois; je n'y crois qu'autant qu'il m'est permis à toute heure, à tout moment, d'exercer pleinement les facultés de mon âme, et d'en suivre, sans contrainte, les inclinations, les désirs et les volontés. Comparez, M. d'Angloturqui, comparez notre sort avec celui de ces infortunées victimes d'un sultan! Cette triste et monotone magnificence, ces plaisirs goutés sous les verroux

(1) Très-mauvaise, disent des personnes qui ont été à même de l'entendre.

de l'esclavage, ne pourront jamais balancer notre genre de vie de Paris, le charme de nos sociétés, de nos conversations, de nos dîners, de nos bals, de nos concerts, de nos fêtes, de nos spectacles, de tous les genres de félicité que nous procurent notre philosophie, nos arts et l'étude de la nature, si négligée dans ces climats, et dont personne ne sait mieux que les femmes de France apprécier les trésors et les bienfaits? Pour moi, je regarde Démétrius, Ypsilanti et ses compagnons d'armes comme des héros, s'ils réussissent à rendre à notre sexe la dignité qui lui est due; s'ils portent un dernier coup à l'hydre cruel de la superstition musulmane. Je voudrais être assez près de la Grèce pour déposer sur leurs fronts les couronnes immortelles que l'équitable postérité a décernées à leurs aïeux dans les plaines de Marathon et de Salamine. »

CHAPITRE LI.

Reproches peu fondés faits aux Grecs anciens, et réplique décisive à ce sujet. — Comparaison entre les arts de l'Egypte et ceux de la Grèce. — Les Grecs modernes ne sont point étrangers aux connaissances utiles, aux sciences et aux lettres. — De leur littérature. — Cause de l'insurrection de la Grèce. — Avantages dont ils jouissaient avant la révolution. — Nouvelle accusation relative à leurs privilèges. — Leur défense. — Ali.

« VOILA du fanatisme, Madame, s'écria M. d'Angloturqui; votre tableau des mœurs turques est beaucoup trop chargé, et c'est une grande erreur de croire que les Grecs d'aujourd'hui puissent jamais ressembler à leurs ancêtres. » « Ils cherchent toutefois à marcher sur leurs traces, dit Philoménor : oui, Monsieur, l'histoire de leurs pères est gravée dans leur cœur. Leur situation présente la rappelle sans cesse à leur mémoire; ah! croyez-moi, sans cesse elle élève leurs âmes; et si de nobles pensées inspirent et développent les talens, les Grecs deviendront bientôt capables d'imiter les arts de leurs aïeux dans la paix et leur héroïsme dans la guerre. Mais, hélas! comme si les souffrances de ma malheureuse nation n'étaient pas assez grandes, il faut qu'elle ait encore d'autres sujets de douleur! Oubliant que c'est à la Grèce qu'ils doivent les connaissances dont ils s'enorgueillissent, des Européens ingrats la considèrent comme une peuplade de barbares. Ce reproche est si injuste, si cruel, qu'il importe de le faire cesser. » « Quoique le jeune Grec, notre aimable convive, répliqua M. d'Angloturqui, soit la preuve de tout ce qu'il avance, je crois, sans me tromper, qu'il est une très-brillante exception parmi ses compatriotes. On se fait, Messieurs, une bien trompeuse illusion sur ce peuple, ajouta-t-il; les talens et les services des anciens Grecs ne sont pas, à beaucoup près, aussi grands qu'on le pense. Je tiens cette opinion de ma feuille anglaise favorite, *The Courrier*. C'est aux Chaldéens, aux Égyptiens, et non pas aux Grecs, que les hommes véritablement instruits doivent faire remonter l'encens de leur reconnaissance; les Grecs n'ont fait que polir et orner les dons qu'ils ont reçu des enfans du Nil. »

« Si vous ne parliez que des dogmes religieux, répliqua le président de Pontac, de philosophie, de sciences exactes, de principes d'astronomie, de géographie, d'architecture colossale, de régime diététique et de système agricole, je serais presque d'accord avec vous. Mais songez donc, mon cher d'Angloturqui, que les Grecs ont changé en or pur le plomb vil de l'Égypte. Ce peuple ne connut que le gigantesque, et s'arrêta ; il agit comme un ouvrier qui se contente de dégrossir des blocs grossiers. L'art, chez lui, demeura toujours imparfait ; et, comme l'a fort bien dit Voltaire :

« On a beau se récrier sur la beauté des
« anciens ouvrages égyptiens, ceux qui nous
« sont restés sont des masses informes. Il a
« fallu que les Grecs enseignassent aux Égyp-
« tiens la sculpture. Il n'y a jamais eu en
« Égypte aucun bon ouvrage que de la main
« des Grecs. (1) »

(1) Œuvres de Voltaire, tome 21, page 2. *Remarques sur l'histoire.*

« Les Grecs, au contraire, connurent les justes proportions; ils n'allèrent pas au-delà, et imprimèrent à leurs ouvrages le sceau de la perfection. Il semble que les arts chez ces deux nations aient été influencés par le climat, et qu'ils en aient pris le caractère. En Égypte, ils ont la sombre majesté d'un désert sans bornes; en Grèce, ils ont le riant aspect des délicieuses vallées de l'Attique et de l'Arcadie. Mais jusqu'au moment où l'on puisse me montrer les poèmes épiques, érotiques et scéniques composés par les Égyptiens, jusqu'au jour où l'on m'ait fait entendre les harangues de leurs grands orateurs antérieurs à Isocrate et à Démosthènes, on me permettra de conserver quelque gratitude pour cet aimable peuple à qui nous devons tant d'admirables chefs-d'œuvre. »

« Je dois des remercîmens à monsieur le président, reprit Philoménor; il me permettra de répondre à un reproche fait par M. d'Angloturqui, qui semble nous regarder comme une peuplade de sauvages. « Sachez
« donc qu'avant les déplorables événemens
« qui ont livré les Grecs à la fureur de leurs
« bourreaux, il y avait dans toutes les villes

« de la Grèce des écoles suivies par de nom-
« breux élèves que dirigeaient des profes-
« seurs qui, pour le savoir, n'auraient pas
« craint le parallèle avec les vôtres. Celle de
« Kidonia, ville en grande partie peuplée de
« Moraïtes, se distinguait par la supériorité
« de l'enseignement; et son premier pro-
« fesseur, Benjamin de Lesbos, était un an-
« cien élève de votre école polytechnique. A
« Bucharest surtout on voyait fleurir de la
« manière la plus brillante l'étude des belles-
« lettres. Les écoles de Laonina, de Jassy,
« de Chio, de Constantinople, du Mont-
« Athos, n'étaient pas moins florissantes; les
« élèves y affluaient en foule de toutes ces
« provinces. Il serait beaucoup trop long de
« vous détailler ici tous les écrivains de la
« Grèce moderne, qui se sont occupés avec
« de grands succès des sciences philosophi-
« ques, des sciences exactes, de la géogra-
« phie, de la grammaire, de la haute litté-
« rature et de la poésie. » (1)

(1) Extrait d'une lettre trop longue pour le texte, et dont nous mettons le reste en note. « Les Grecs « possèdent des traductions excellentes dans notre

« Et qui tolérait, répliqua M. d'Anglotur-qui, ces académies, ces colléges, ces réunions de littérateurs, et la propagation en tout

« langue, de la logique de Condillac, de la morale de « Heineccius, de Locke, de l'algèbre de Lacaille, de « l'astronomie de La Lande, de l'algèbre et de l'arith-« métique d'Euler, de la philosophie chimique de « Fourcroi. Ils ont aussi tourné leurs études vers la « philologie et les anciens classiques. Tous les auteurs « de l'antiquité ont été imprimés et commentés dans « la Grèce moderne. Le savant docteur Corai, bien « connu en France, en a donné d'excellentes éditions; « il était protégé dans cette belle et utile entreprise, « par MM. Zozima, riches négocians qui, avec une « munificence admirable, et dirigés par le patriotisme « le plus désintéressé, employaient des fonds consi-« dérables à ces éditions. Ils les vendaient au prix le « plus modéré, dont ils diminuaient même un cin-« quième pour les Grecs qui en prenaient dix exem-« plaires. Ils ont fait plus encore; n'écoutant que leur « zèle, ils distribuaient gratuitement leurs classiques « à tous les professeurs dont le talent et l'activité « étaient connus, et à tous les élèves dont les maîtres « attestaient l'application et les progrès depuis long-« temps. Au reste les revenus de ces généreux patrio-« tes étaient consacré à l'utilité commune. Ils avaient « déjà fait imprimer à leurs frais, et distribuer gratis, « les ouvrages de l'archimandrite Eugénius, et cha-

genre de ces foyers d'instruction? N'était-ce pas ces Turcs contre lesquels vos concitoyens se sont révoltés? » « Aussi, répondit Philomé-

« que année ils employaient à de semblables entre-
« prises, les presses grecques de Vienne, de Leipsik,
« de Moscou et de Venise. Les savans européens es-
« timent et consultent les ouvrages de nos géogra-
« phes, notamment les cartes de la Grèce, par Riga,
« qui sont les meilleures que l'on connaisse. On a aussi
« traduit en grec moderne l'*Enéide* de Virgile, et
« *Jérusalem délivrée*, en vers; quelques ouvrages de
« Lucien; le *Télémaque*, avec des notes mythologi-
« ques et géographiques, dont un éditeur français
« pourrait faire son profit; *les Mondes* de Fontenelle,
« avec un commentaire instructif, dans lequel est cor-
« rigé le cartésianisme de cet ouvrage, d'après les nou-
« velles connaissances: nous avons également de
« belles traductions du beau *Traité des délits et des*
« *peines*, par Beccaria, des *Maximes* de la Rochefou-
« cault, *de la grandeur et de la décadence des Romains*,
« par Montesquieu, de l'*Histoire grecque* de Gold-
« smith, des *Voyages de Cyrus*, de *Bélisaire*, d'*Ana-*
« *charsis*, de la *Mort d'Abel* de Gessner, de la *Bergère*
« *des Alpes*, de la *Galatée* de Florian, etc... Je ne
« vous parlerai pas des ouvrages originaux composés
« par les Grecs, et qui sont en grand nombre. Ainsi
« les Grecs modernes jouissent maintenant dans leur
« langue de presque tous les bons ouvrages français,

« nor, les Grecs ne se sont-ils insurgés que
« lorsqu'on eut décidé à Constantinople de
« supprimer dans tout l'empire ottoman les
« établissemens grecs d'instruction qu'on
« avait formés avec beaucoup de peine, et de
« remettre en activité toutes les dispositions
« sévères du Coran contre les infidèles, les-
« quelles étaient hors d'usage, pour arrêter
« d'un seul coup tout ce qui pouvait contri-

« allemands, anglais, italiens. A l'imitation de MM. Zo-
« zima, des particuliers à qui leur fortune ne per-
« mettait pas de former d'aussi grandes spéculations,
« ont du moins voulu encourager selon leurs facultés,
« les progrès des lettres, et chaque jour de nouveaux
« ouvrages paraissaient avec de longues listes de sous-
« cripteurs.

« Des prix olympiadiques annoncés à l'Europe de-
« vaient être décernés aux littérateurs de toutes les
« tribus grecques qui, dans la langue hellénique mo-
« derne, auraient composé ou traduit les plus beaux
« ouvrages. Tels sont ces Grecs que l'on appelle bar-
« bares Qu'ils soient délivrés, par l'intervention de
« l'Europe chrétienne, du joug sanglant sous lequel
« ils gémissent, et l'Europe entière sera bientôt for-
« cée d'estimer, peut-être d'admirer, mais surtout
« d'aimer les descendans de ceux dont elle a recueilli
« celui des lumières et de la civilisation. »

« buer à éclairer la nation, et amener sa dé-
« livrance. » (*Journal des Débats* du 24 novembre, 1821.)

« Soit, répliqua M. d'Angloturqui, mais n'est-ce pas encore au Grand Seigneur à qui vous deviez incontestablement la prospérité de votre marine et des traités qui la favorisaient? Vous ne payez à votre souverain que de légers impôts, souvent nuls par la protection des sultanes. Allez, Monsieur, vos Grecs ne sont que des rebelles insensibles à tant de bienfaits. »

« Avant de les condamner aussi sévèrement, M. d'Angloturqui, répondit le jeune Grec, permettez-moi de vous demander si les effets de cette protection éclatante n'étaient pas cent fois anéantis par le pouvoir arbitraire et l'insatiable avarice des pachas? Souvenez-vous d'Ali, ce tyran classique devant lequel on ne s'élève que par de l'or et des crimes (1). Vous n'exigerez pas, sans doute, que je déroule à vos yeux l'affreux tableau de son épouvantable gouvernement; et vous serez forcé de l'avouer avec moi, les immenses fa-

(1) *Voyage* de M. Poucqueville en Grèce.

veurs que vous vantez ne nous ont pas préservés des avanies, des rapines en tout genre, des tortures les plus affreuses, des rapts, des massacres qui réduisaient à l'état le plus misérable nos villes et nos campagnes. Qui l'ignore? aucun Grec n'était sûr de sa vie: on cachait sa fortune; nul n'osait améliorer ses propriétés, puisque les concussions et les déprédations étaient toujours en proportion avec la richesse présumée, et les progrès croissans d'une florissante culture. »

M. d'Angloturqui se disposait à répliquer ou plutôt à resasser avec l'opiniâtreté et l'entêtement d'un esprit faux, des paradoxes cent fois complètement réfutés. « Vous les calomniez ces bons Turcs, s'écriait-il, ces Turcs d'une probité si sévère, d'une humanité si prévoyante; leur ôterez-vous, comme puissance, le droit de punir des coupables? »

« Je crois avoir assez justifié les Grecs, reprit M. de Pontac, pour que vous ne puissiez les regarder comme des criminels. Quant à l'humanité des Turcs (1), on vous dispensera d'en

(1) « M. de Jucheran de Saint-Denis en cite un exemple remarquable, que je vais transcrire textuel-

faire l'éloge ; à moins que vous ne veuilliez parler du rare trait de clémence du sultan régnant, qui, forcé par les janissaires de faire trancher la tête au plus fidèle de ses favoris, daigna commuer, toutefois après sa mort, une partie de la peine, c'est-à-dire, que par ordre de sa hautesse, la tête de visir fut publiquement exposée dans un plat d'argent, au lieu d'être suspendue, comme celle du vulgaire des condamnés, à la porte du sérail. »

lement. « Afin de donner plus de vigueur au tronc « principal, le lâche et cruel Mahomet III fit périr « ses dix-neuf frères, et toutes les concubines que son « père avait laissées enceintes, et resta seul de toute « sa famille. Par suite de cette politique barbare, tous « les enfans nés du mariage d'une sœur ou cousine du « Sultan régnant avec un des sujets de l'Empire, « sont condamnés à une mort inévitable, au moment « de leur naissance. » *Révolutions de Constantinople*, tome 1, page 21.

CHAPITRE LII.

La politique échauffe de plus en plus les têtes. — Mme de Valmont interrompt brusquement la conversation. — Abus dans les spectacles. — Déclamation. — Costumes, décorations, jeux de scène. — Le Kain. — Les réformes qu'il a introduites pour la tragédie doivent avoir lieu pour la comédie. — Outrage sacrilège, fait impunément par les acteurs, aux pièces de nos grands maîtres. — Contre-sens complet dans certaines représentations. — Concerts spirituels, devenus avec les courses de Longchamp, les jeux olympiques de la France. — Obligation à imposer à MM. les comédiens du Roi. — Invraisemblances notables sur la scène. — Quelques avis à MM. les acteurs et actrices. — Mlle Mars. — Joanny. — Mlle Duchesnois. — Mlle Georges. — Absence de la musique aux représentations extraordinaires. — Répertoire musical. — Abus difficiles à faire disparaître et pourquoi. — Moyens d'y remédier. — Organisation nouvelle des théâtres royaux, favorable aux auteurs, aux acteurs, et au public. — Mot de Francklin.

« Quel excès d'indulgence! ajouta le jeune

d'Ancourt. » Ces derniers mots prononcés avec l'accent d'une piquante ironie, avaient singulièrement irrité M. d'Angloturqui. Les têtes s'échauffaient de plus en plus en buvant le Bordeaux, le Clos-Vougeot et l'Aï. Mme de Valmont, qui s'en aperçut, craignit, non sans raison, que la différence d'opinions n'eût des suites sérieuses, et que d'une discussion paisible on n'en vînt à des personnalités.

Au moment donc où le Champagne rosé, en sautant au plafond et en pétillant dans le cristal, semblait délier toutes les langues et donner de la hardiesse aux plus timides, madame de Valmont changea brusquement le sujet de la conversation ; fâchée que son joli Grec eût éprouvé une contradiction aussi déplacée de la part de M. d'Angloturqui, elle lui demanda, de l'air le plus gracieux, ce qu'il pensait des grands spectacles de Paris. » « Je m'y suis beaucoup amusé, Madame, répondit-il ; je les aimerais pourtant davantage si l'on se décidait, une bonne fois, à réformer les nombreux abus qui les déparent. » « Oh ! que je pense bien comme vous ! s'écria le chevalier de Clinville, qui vieilli dans les balcons de la Comédie française, joignait à un goût sévère, l'esprit le plus juste et le plus exercé par une longue expérience. Il avait vu, dans son extrême jeunesse, les Lekain, les Brizard, les Larive, les Préville et les Molé, les Clairon et les Dumesnil, les Comtat, les Devienne et les Dorigny. C'était là ses points de comparaison ordinaires, et personne ne connaissait mieux que lui les traditions du théâtre. « Vous le savez, Madame, ajoutait M. le chevalier de Clinville, depuis trente ans je n'ai cessé d'y dénoncer les abus et de présenter mes plans de réforme. Que voulez-vous! on ne m'a pas écouté; je les ai conservés dans mon portefeuille. Peut-être un jour ressembleront-ils à ces pâtés d'Amiens, qui ne sont bons que lorsqu'ils sont froids. » « Cette idée peut être très-juste, reprit d'Ancour; je crois, comme Philoménor, que c'est aux abus qu'on songe à réformer, dit-on, si je suis bien informé, que l'on doit attribuer le désert du Théâtre français; désert qui s'est fait remarquer l'été dernier. Talma, Damas, Melles Mars, Leverd, Duchesnois, avaient terminé leurs caravanes; et, sur ma parole, je me suis trouvé très à l'aise à leurs représentations; à peine me suis-je aperçu que l'on était encore dans la canicule ; tandis qu'on étouffait au Gymnase et aux Variétés, et qu'un Corisandre (1) y était absolument indispensable. Me croirez-vous ? je n'ai pas eu même une seule fois l'occasion de m'en servir au théâtre de la rue Richelieu. »

« Encore moins sans doute au Vaudeville, dont j'ai regretté bien sincèrement l'abandon, reprit Mme de Valmont. C'était mon théâtre favori. Quant aux Français, s'ils ont été aussi complétement délaissés, comme l'a fort bien remarqué notre jeune Grec, ils ne doivent en accuser que leur négligence dans la déclamation, les costumes, les décorations et les jeux de la scène ; ces abus, il est vrai, sont consacrés par le temps ; mais très-ordinairement les acteurs n'en sont pas moins avertis par l'auteur de la pièce représentée, qui semble les censurer lui-même dans la composition de son poëme. Je vais, Messieurs, vous en donner un exemple frappant, s'il est vrai que, pour compléter l'illusion théâtrale, tout doit être en rapport avec les modes, les usages, et

(1) Eventail.

surtout les mœurs des personnages qui sont mis en scène.

Le théâtre, avant tout, veut de la vérité (1).

a dit un de nos meilleurs poètes.

« Pourquoi donner au *Misantrope* de Molière la poudre, la bourse et les ailes de pigeon du siècle de Louis XV, et ne pas vêtir ce censeur austère de ses contemporains, comme pouvait l'être la jeune noblesse du siècle de Louis XIV? Ces cheveux naturellement bouclés, cet habit orné de rubans (1), cette cravate de dentelle lui conviendraient beaucoup mieux; au moins tout cadrerait avec la vraisemblance. On peut se souvenir du bel effet que produisent ces costumes pittoresques dans quelques pièces, soit à Feydeau, soit au Vaudeville, et dernièrement même au Théâtre Français, dans les *Précieuses ridicules* et le *Marquis de Pomenars*. Indépendamment du vif intérêt, continua Mme de Valmont, de la

(1) M. Casimir Delavigne, dans la pièce des *Comédiens*.

(2) L'homme aux rubans verts, *Misantrope*, acte v, scène iv.

variété piquante, et surtout de la vérité de situation, que produisent ces costumes différens, plus d'une actrice gagnerait à prendre le corset de brocard, orné de perles et de diamans, dont se servait la belle des belles, suivant l'énergique expression de madame de Sévigné, et troquerait avec avantage ces maigres fourreaux anglais contre ces robes amples, majestueuses et traînantes des Montespan et des Lavallière. Plus d'une coquette de la scène retrouverait de nouveaux appas dans cette couronne de roses et de bluets, dans ces longues boucles de cheveux que portait la séduisante Ninon de Lenclos. Plus d'une prude se féliciterait du voile de Mme de Maintenon, de ces atours si simples, et pourtant si pleins de grâce, dont s'embellissait Mme de Fontange (1). Plus d'une duègne enfin aurait découvert un nouveau mordant, une originalité nouvelle, dans le vertugadin, la guimpe à bec, ou la calotte des vertueuses aïeules de Mme Pernelle. » (2)

« En suivant cette idée dans ses consé-

(1) Parure en rubans, dite fontange.

(2) Personnage du *Tartufe* de Molière.

quences, ajouta M. de Clinville, on détruirait d'autres abus; souvent, dans la même pièce, et sans autre raison motivée que le caprice des acteurs, on mêle, on confond les usages et les costumes de deux ou trois siècles, étonnés de se trouver ensemble. Souvent, contre toute vérité, le fouet, la casquette et la veste moderne des jokeis anglais se trouvent contraster avec le couteau de chasse, le pourpoint, la fraise et le court manteau des crispins antiques. » « Vous me rappelez, s'écria Mme de Valmont, la plus étrange bizarrerie : dernièrement, à la représentation de l'*École des Bourgeois* (1), George Dandin, M. de Sotenville et son gendre, M. de la Dandinière, avaient bien, il est vrai, le costume obligé des gentilshommes campagnards de ce temps-là, si plaisamment décrit par le satirique français (2); mais Mme de Sotenville, sa chère épouse (Mme Hervey), avait le chignon lissé, la grecque poudrée, le bonnet pomponné,

(1) Théâtre de la rue Richelieu.

(2) Je riais de le voir avec sa mine étique,
Son rabat jadis blanc et sa perruque antique,
. . . .

le mantelet, le panier, la robe à plis, les manchettes à trois rangs des petites maîtresses de la fin du règne de Louis XV. J'en pourrais dire autant de l'amoureux, dont le valet, quoiqu'en cheveux plats et ronds, avait un habit de soie, une veste de satin broché, comme aurait pu les porter, en 1750, un riche financier du faubourg Saint-Germain; tandis que, pour compléter cette caricature aussi invraisemblable que risible, la jeune femme (Mlle Dupuis), était vêtue et coiffée comme une merveilleuse de 1823. » « Il est donc absolument indispensable, Madame, reprit le chevalier de Clinville, d'attacher à ce théâtre un peintre habile et un costumier zélé, qui aient étudié leur art et qui se soient formé un système basé sur les monumens historiques. Il serait surtout bien important que M. le premier gentilhomme de la chambre voulût bien leur accorder assez d'autorité pour être obéis et n'éprouver aucune résistance de la part des sociétaires mutins et

Quand un des campagnards, relevant sa moustache,
Et son feutre à grands poils, ombragé d'un panache. »

Œuvres de Boileau, Satire 3.

récalcitrans. Quoique vous ayez presque toujours habité Paris depuis votre enfance, vous êtes trop jeune, Madame, pour avoir connu le fameux Lekain, cet acteur qui n'a point eu d'égal. Il était fort laid; mais la perfection de son jeu et de sa déclamation semblait donner à ses traits un caractère de beauté; sur la scène, il était un véritable Protée; son ton, son air, sa physionomie éprouvaient toutes les variations qu'exigeaient les différens rôles dont il s'était chargé.

« Si le portrait que je vous fais, Madame, de cet acteur, est ressemblant, l'autorité d'un aussi profond artiste doit paraître irrécusable; je voudrais donc que la grande révolution qu'il opéra dans la tragédie, eût également lieu sur la scène comique; et ce fut Lekain qui donna le premier, au roi des rois, au puissant Agamemnon, les bandelettes, le diadême, la tunique, et tout le costume des monarques de la Grèce, qui, avant lui, paraissaient sous leurs tentes et sur les rivages de l'Aulide, en habit brodé, en manchettes de point, l'épée au côté, en perruque tapée, en bas de soie et en talons rouges. Par la même raison, je voudrais qu'en représentant *la Mé-*

tromanie, *le Dissipateur*, *les Originaux* et *le Jaloux sans amour*, on prît exclusivement toutes les nuances de la mode qui dominait à ces époques, voisines du siècle où nous vivons; je veux dire celles de la Régence, de Louis XV et de Louis XVI; et, si l'on venait à représenter *l'Ami des Lois, les Deux Gendres, la Manie des grandeurs*, j'exigerais qu'on prît alors le costume des élégans de la cour de Louis XVIII, qui, en habit habillé, ne portent jamais la bourse et les cheveux poudrés : par-là tout serait vrai, tout serait en harmonie, et l'on conserverait absolument la couleur des différentes périodes de chaque règne : alors les oreilles des spectateurs ne seraient plus choquées par des contresens continuels. » « Tout en désirant qu'on ne blesse point les miennes, ajouta Mme de Valmont, par des mots lestes et grivois dont fourmillent certaines pièces de Molière (1)

(1) . . . . Molière, illustrant ses écrits,
Peut-être de son art eût remporté le prix,
Si moins ami du peuple en ses doctes peintures,
Il n'eût point fait souvent grimacer ses figures,
Quitté pour le bouffon l'agréable et le fin,
Et sans honte à Térence allié Tabarin.

du second ordre, et qui ont le privilége de nous faire rougir sous l'éventail ; tout en formant des vœux pour qu'on les fasse disparaître, doit-on souffrir en silence qu'un acteur soit assez audacieux pour supprimer dans son rôle des tirades entières de Corneille, de Racine, de Destouches, souvent les plus intéressantes et les plus comiques de ce dernier ? comme on est à même de s'en convaincre au premier Théâtre Français, lorsqu'on y donne *la Fausse Agnès*, pièce où peut-être, pour ne pas fatiguer la mémoire d'une certaine *Lili*, on passe à pieds joints sur la scène quatrième de l'acte troisième, scène qui serre de plus en plus le nœud de la pièce, et jette le principal personnage dans un piége qui le couvre d'un ridicule ineffaçable. J'ai encore remarqué que, dans cette comédie (ainsi que dans beaucoup d'autres pièces), quelques actrices dédaignent de conserver aux personnages qu'elles devraient copier, la teinte originale que l'auteur leur a donnée, cette teinte et cette saveur de terroir qui doit nécessairement être indélébile, je veux dire le ton qui existait dans certaines sociétés de Paris ou de province, à l'époque ou Destouches écrivait. Madame la présidente de l'élection, si j'ai bien saisi l'esprit des rôles, est une prude d'un genre sévère et précieux dans sa mise, ses allures et son langage. »

« En vérité, dit la présidente au comte, « mes oreilles sont furieusement scandalisées « de vos termes : tous mes sens se révoltent ; « je frissonne depuis la tête jusqu'aux pieds, et, « si vous continuez, je vais m'évanouir (1). »

« A votre aise, ma princesse, » répond le comte...... Madame la comtesse, avec un peu plus d'aisance dans les manières, doit avoir un caractère romanesque ; et, c'est cette nuance que l'actrice doit tâcher de saisir. C'est un bel esprit qui ne se nourrit que de pensées recherchées ; qui ne soupire que comme les héroïnes de Ségrais, de Fontenelle, ou de Durfé. Vous pouvez en juger, messieurs, par ce passage que ma mémoire me rappelle ; ce qui ne doit point étonner, Destouches est mon auteur favori :

M. Desmazures lui propose de faire ensemble une petite églogue amoureuse. « Sup« posons donc, lui répond la comtesse, que

(1) *La Fausse Agnès*, acte III, scène VIII.

« nous nous aimons tendrement, et que nous
« exprimons notre amour en gardant nos
« moutons. Nous sommes couchés sur le vert
« gazon, à l'ombre d'un ormeau, le long d'un
« clair ruisseau; notre passion est si violente
« qu'elle nous ôte la parole...... (2) »

« Eh bien! Messieurs, le croiriez-vous? certaines doublures formées pourtant au Conservatoire, et que je n'ai pas besoin de nommer, ne donnent à ces provinciales titrées que le froid langage, la tournure uniforme et le costume de bonnes bourgeoises de la Cité; et certes, vous en conviendrez avec moi, c'est une faute grave de travestir ainsi la physionomie des portraits que le poëte avait, sans doute, crayonnés d'après nature; et la comédie manque son but, si elle n'est pas un tableau des mœurs, dont le principal mérite est la ressemblance la plus parfaite.

« Je voudrais que les décors fussent assortis avec le temps et les lieux, et qu'à ce sujet, il n'y eût aucun anachronisme; que l'éternel salon des Français ne servît pas aux pièces des trois siècles de notre littérature; que dans

(1) *La Fausse Agnès*, acte III, scène VI.

certaines occasions, on ne se contentât pas de retourner la toile pour toute décoration nouvelle ; et quelle toile encore !

« On représente *Athalie* (1), ce chef-d'œuvre de la muse tragique : je dois voir le temple de Jérusalem, je dois admirer une architecture toute judaïque, des cèdres du Liban entremêlés avec les marbres de la Palestine ; quelle inconvenance ! la pièce entière de Racine est remplie d'imprécations contre le culte de Baal et les fausses divinités ; de l'horreur qu'inspirent leurs prêtres, leur culte et leurs faux dieux ; à l'Opéra de Paris, j'ai vu le pontife saint prophétiser au milieu du temple d'Isis, dont les sphynx, les hiéroglyphes et autres attributs attestent la présence sacrilége.

« Je vous citerai un fait plus récent, reprit Dancour. J'étais aux Français à la représentation d'*Esther* ; la scène est à Suze, en Perse, comme tout le monde le sait, et s'est passée plusieurs siècles avant la naissance de Mahomet ; eh bien ! la décoration du théâtre représentait la place du grand Caire, avec ses

(1) Ce contre-sens a eu lieu au grand Opéra.

mosquées, ses minarets et le croissant. » « Quel anachronisme ! ajouta M. de Clinville ; plus l'expérience et les réflexions sur les moyens de perfectionner l'art dramatique ont rendu les amateurs difficiles et exigeans, plus aussi, selon moi, les directeurs doivent être soigneux de respecter la vérité historique dans les accessoires qui accompagnent la représentation d'une pièce telle qu'*Esther* ou *Athalie*. Je vous ferai donc une autre observation : la poésie inspiratrice des chœurs de cette divine tragédie, que l'on n'exécute ordinairement que dans les fêtes royales ou les solennités publiques, rend certainement indispensable une harmonie plus touchante que celle de Gossec. Trop souvent, elle est peu appropriée aux célestes hymnes des filles de Sion. D'ailleurs, ce vénérable vieillard n'a travaillé que sur quelques morceaux de choix. Des raisons aussi solides devraient, ce me semble, engager le Gouvernement à ouvrir pour la musique de ces chœurs, un concours où seraient appelés tous les artistes de l'Europe. Ces compositions seraient exécutées et jugées dans les concerts spirituels qui suivraient l'époque de l'ordonnance, et y seraient couronnées suivant le degré de talent : l'on choisirait enfin la production la plus capitale, celle qui paraîtrait le plus d'accord avec la majestueuse élévation des pensées, ou le coloris si gracieux des paroles. Ainsi, le morceau le plus sublime de la scène, *Athalie*, aurait obtenu tous les ornemens dignes de sa perfection. Pour rappeler les concerts spirituels à leur institution primitive, il serait bon encore d'ouvrir chaque année le même concours aux artistes de tous les pays, à tous les Orphées modernes, sous l'expresse condition d'exercer leurs talens sur nos cantates sacrées, qui seraient désignées d'avance par un jury composé d'artistes et d'amateurs. Ce jury serait chargé d'examiner ces différens oratorio, de les soumettre à la censure du public, et d'accorder des prix aux vainqueurs. Les courses de Long-Champ, qui ont lieu dans la même saison que ces concerts religieux, seraient les jeux olympiques de la France. »

« Votre projet, M. le Chevalier, me séduit, reprit Dancourt. Mais, pour revenir à notre sujet principal, que les chants de Racine et de mélodieux accords avaient paru nous faire oublier, je voudrais qu'on ne laissât pas uniquement aux théâtres des mélodrames le soin de respecter les vraisemblances dans les décorations ; je voudrais que, chaque année, messieurs les comédiens fussent obligés de faire exécuter au moins six décorations nouvelles, telles que temples, salons, paysages, surtout lorsqu'on monte une pièce. Quand on est aussi riche (1) que messieurs les sociétaires de la rue Richelieu, on doit être moins parcimonieux et avoir plus d'égards pour un public aussi instruit qu'éclairé sur tous les genres de convenances. »

« J'exigerais, disait encore M. de Clinville, que dans la tragédie on respectât assez les anciennes traditions, pour que Clytemnestre, Sémiramis ou Cléopâtre n'entrassent jamais sur la scène sans que le spectateur ne fût forcé de se dire : *C'est la reine.* Je demanderais encore qu'une garde nombreuse, en se déployant autour d'elle, annonçât toute la pompe

(1) J'ai dit aussi riche. On connait une actrice qui a vingt-cinq mille francs au moins, comme sociétaire ; vingt-cinq mille francs du gouvernement ; soixante mille francs, tous frais prélevés, de ses voyages, ses propriétés, ses feux et le casuel.

de la majesté royale. Je n'aurais pas fait cette remarque, si ces jeux de théâtre n'avaient pas été négligés aux débuts de Mme Paradol; je me rappelle qu'avant d'avoir vu Mlle Raucourt, on reconnaissait la démarche altière d'Agrippine (1), d'Athalie ou de Catherine de Médicis (2). »

« Permettez-moi de vous faire une remarque importante, dit le marquis Dancourt, en interrompant M. de Clainville. On me parle du peuple, de l'armée, de ses chefs, et je ne vois sur la scène que quelques malheureux mannequins réunis à une douzaine de soldats. Une sédition s'élève : l'acteur entend les clameurs des combattans, le choc des lances et des boucliers, un horrible tumulte (3), la lecture d'une sentence, des soupirs, des gémissemens, des sanglots (4); et le spectateur, dont les oreilles ne sont frappées d'aucun bruit, doit croire, à juste titre, que l'acteur rêve ou se moque de lui. Je me trompe; sou-

(1) Britannicus.

(2) États de Blois.

(3) Louis IX.

(4) Marie Stuart.

vent, pendant le moment du fameux silence, des personnes placées à l'orchestre ont entendu partir de la rue les cris les plus trivials et les plus burlesques. J'oserai présenter ici, avec une scrupuleuse réserve, quelques réflexions au jeune auteur des *Vêpres Siciliennes*. Après le son de la fatale cloche, lorsque la terreur est à son comble, ne serait-il pas naturel d'entendre, dans le lointain, un bruit sourd, un bruit confus, qui s'accroîtrait par degrés, par intervalles; des cris demi-formés, des cris perçans, le cliquetis des armes... Un morne silence est-il vraisemblable au milieu des horreurs dont le récit se fait sur le théâtre? Ces accessoires, nous en avons mille exemples, sont aussi bien le partage de la tragédie que du mélodrame; en négligeant ces jeux de théâtre, où peut être l'illusion? Il vaudrait mieux lire une tragédie dans son cabinet ou dans un site qui fût en analogie avec le lieu vrai de la scène, que d'être témoin de pareils contresens; et, comme l'a fort bien remarqué un de nos meilleurs acteurs dans un petit ouvrage qu'il vient de donner au public. « Il s'est introduit à la Comédie « française une manie de *simplifier* qui a fini

« par rendre petits et mesquins les tableaux « les plus grands et les plus majestueux. Pour- « quoi, dans *Andromaque*, Oreste ne se « présente-t-il pas sous un aspect plus im- « posant? A peine Oreste, ambassadeur des « Grecs, se distingue-t-il d'Oreste jeté par « la tempête sur le rivage de la Tauride. « Pourquoi ses vêtemens n'ont-ils pas l'éclat « que comporte sa dignité, et ne lui voit-on « pas le sceptre et le bandeau qui doivent « caractériser son rang? Pourquoi n'entre-t il « pas dans le palais de Pyrrhus, au milieu de « l'escorte qui l'accompagne, et ne nous mon- « tre-t-il point

Le pompeux appareil qui suit ici ses pas? (1)

« Cette censure ne peut frapper sur notre premier tragique. Dans ce siècle, aucun acteur n'a, pour ainsi dire, mieux calqué les héros qui sont mis en scène que le célèbre Talma, soit qu'il nous représente les républicains, les tyrans ou les princes malheureux, Manlius, Néron, Hamlet ou Régulus. Nul ne sait mieux s'identifier à son rôle, et surtout varier

(1) *Idées* sur les deux théâtres Français.

ses costumes suivant le temps, la nation, le rang et la situation du personnage. En le voyant, on semble rétrograder dans les âges; on se croit tour à tour près du Capitole, dans la basilique des empereurs, et dans l'antique palais de Copenhague; que les acteurs mettent comme lui autant de convenance, de grandeur, de dignité dans leur physionomie et leurs vêtemens; qu'ils méditent avec autant de soin les tableaux laissés par l'histoire, et l'on aura, je le garantis, presque atteint la perfection. Il est vrai que Talma doit ses connaissances à la société des gens de lettres, des peintres et des sculpteurs. Mais, hélas! combien d'acteurs et d'actrices, soit dans leurs costumes, soit dans leur pantomime, soit dans l'accent de la voix, s'éloignent de ce goût pur, sévère et délicat! » « Sans une extrême présomption, réprit l'élégant Dancour, qui jusque-là avait attentivement écouté M. de Clinville, ils imiteraient l'exemple de notre premier tragique, et se mettraient à l'abri d'une critique malheureusement trop fondée. Qui ne serait tenté de dire à ceux-ci : Pourquoi cette monotone psalmodie? variez vos inflexions, et ne nazillez pas. » « Encore moins, ajouta le président, voyons-nous dans Hérodote, Thucydide, Plutarque, et même Homère, qu'aucun héros grec ait jamais grasseyé?» «J'aime ce trait d'érudition, répliqua Dancour, en riant, et je le crois vrai. Je dirais encore à d'autres artistes: Pénétrez-vous de votre situation, sentez la vivement; placés loin du pays des rossignols, déclamez, et ne chantez pas. Qui n'insinuerait doucement à Cléon: Étudiez la belle nature; attachez-vous à de bons modèles. A-t-on jamais si péniblement outré les rôles d'élégans et de petits maîtres? Des tons impertinens, n'ont jamais été ceux d'un salon du bon genre; et la fatuité ne doit jamais dégénérer en impudence. Parlez votre rôle avec sagesse, dirais-je encore à Mondor; l'énergie est sans doute un don précieux; mais elle est assujétie à des règles; et le bon goût en prescrit la mesure: jusque dans les accès de la passion la plus brûlante et la plus impétueuse, toujours vous devez charmer l'oreille; et jamais il ne vous est permis de la déchirer.»

«Qui n'avertirait encore avec une franchise naïve? dit Mme de Valmont, ces acteurs aguerris, que les sifflets poursuivent et n'épouvantent jamais ? Qui ne leur adresserait ces conseils profitables ? Croyez-moi, ayez un peu moins de prétentions ; appréciez de bonne foi votre talent à sa juste valeur ; ne vous lasserez-vous point enfin d'être victimes à Paris, lorsque de nombreux applaudissemens vous attendent dans quelque coin de province ? »

« Que de grand cœur, reprit Dancour, je dirais à certaines actrices : Pourquoi ce perpétuel roucoulement ? Suis-je ici au fond d'une forêt ? Eh ! Mesdames, ménagez un peu votre poitrine ; soyez un peu plus avares de sanglots ; si vos soupirs multipliés font rire le parterre jusqu'aux éclats, à quoi bon vous suffoquer ? » « Je donnerai, ajouta M. de Clinville, ce dernier conseil à tous les artistes de la scène : tâchez de dissimuler les défauts de la nature ; que de moyens sont entre vos mains pour vous seconder ! n'êtes vous pas favorisés par l'éloignement, le point de perspective et les reflets favorables d'une lumière incertaine ? N'avez-vous pas les tailleurs les plus habiles ? Que n'imitez-vous quelques-uns de vos prédécesseurs et même de vos contemporains ! Épaississez ces formes que le temps et vos travaux ont rendues flasques, exiguës ou contrefaites. » « Faut-il que la tradition des deux derniers siècles, répliqua vivement Philoménor, n'ait pas, comme en Grèce, permis aux acteurs l'usage des masques sur la scène? Que d'artistes, sur plus d'un théâtre, gagneraient à changer de physionomie! »

« Souffrez, Messieurs, dit Mme de Luxeuil, qui jusque là avait bien plus songé à dîner délicieusement qu'à se mêler de la conversation; souffrez que je vous fasse, à mon tour, quelques observations sur une actrice dont la réputation *pyramidale* est pour ainsi dire européenne. Je n'aime à blesser personne; cependant il faut être juste, vraie, sévère même, ne fût-ce que dans l'intérêt de l'art; et, quand, par l'âge, on est comme moi et mon contemporain M. de Clinville, aussi riche de souvenirs, on a bien le droit, je pense, d'indiquer de légères imperfections, qu'avec un peu de soins il est aisé de corriger et de faire disparaître. Certainement, Mlle Mars possède un genre de diction inimitable; ses grâces, sa beauté, sa jeunesse, sont presque éternelles. Ses yeux n'ont perdu ni de leur vivacité, ni de leur éclat; le timbre de sa voix est unique, c'est-à-dire, enchanteur. Je crois, pourtant, qu'il serait bon de l'avertir de parler quelquefois sur la scène un peu plus haut que dans son salon et dans son boudoir. Je désirerais encore être à même de lui insinuer que l'héritière de Melle Contat doit, jusque dans ses confidences, être toujours entendue, même aux extrémités de la salle; et que, s'il est des secrets pour les interlocuteurs, il ne doit point y en avoir pour le public. Je l'engagerais enfin à ne pas trop presser un débit parfait. Combien, alors, si mes avis étaient écoutés, combien les admirateurs de cette merveilleuse actrice n'auraient-ils pas lieu de se féliciter ? Ils ne seront plus privés des finales de cent jolis mots auxquels le talent magique de Melle Mars sait prêter de nouveaux charmes. »

« On peut adresser les mêmes conseils à Joanny (rôle de *Procida*), fit observer M. de Clinville. Je voudrais qu'il s'étudiât à mieux prononcer certains hémistiches qui ne sont point quelquefois entendus, même au centre du parterre. Tout en rendant justice à l'admirable talent de Melle Duchesnois (rôle de *Marie*

Stuart), qui semble l'identifier avec la reine infortunée qu'elle représente, je n'en dirai pas moins que sa douce voix n'articule pas souvent assez distinctement; défaut que n'a point Melle Georges, dont on ne perd pas une syllabe. J'ai souvent été réduit à deviner l'espèce d'énigme que son organe présentait, ou à demander à mon voisin quel était le sens d'un passage applaudi par les claqueurs d'office; passage que ni lui ni moi n'avions ni saisi ni compris. Il est bon, continua Dancour, que ces coryphées de la scène, gâtés perpétuellement par des flatteurs à gages, ne soient pas aveuglés sur ces petits défauts et sur ces tâches légères, dont, peut-être, sans de salutaires admonitions, ils ne se corrigeraient jamais.

« Je dois encore dénoncer l'abus le plus criant : MM. les sociétaires de la rue Richelieu croient-ils leurs voix assez exclusivement harmonieuses, pour que nous puissions nous passer de musique aux représentations extraordinaires ? Lors de la restauration de ce théâtre, n'était-il point possible de ménager un asile invisible à ces troubadours, une tribune secrète d'où ils ne seraient point expulsés, d'où les spectateurs les entendraient sans les voir? On serait alors bien assuré que les violoncelles et les trombonnes ne cacheraient plus, comme cela arrive souvent, les acteurs au public du parquet. Cette observation, minutieuse en apparence, est applicable d'une manière différente au théâtre Feydeau, où l'orchestre, nécessairement obligé d'accompagner les chanteurs, ne peut jamais être déplacé ; mais devrait se trouver assez bas pour ne jamais masquer la scène avec les instrumens. Enfin, le premier Théâtre-Français ne rougira-t-il jamais de son répertoire musical? Électre m'a pénétré de terreur; j'essuyais les larmes que m'avait fait verser Hamlet, Alzire ou Zénobie : la toile tombe, MM. les musiciens jouent, et j'entends une symphonie qui ressemble à l'air de *Cadet-Roussel* ou de *Madelon Friquet*. Je doute fort, ajouta M. de Clinville, que l'on obtienne la réforme des abus que j'ai signalés, à moins que le Gouvernement ne prenne les mesures un peu acerbes que je vais présenter.

« Les chefs par ancienneté du premier théâtre, qui éloignent, dit-on, avec tant de soin les jeunes sujets capables un jour de les effacer (1), n'y consentiront jamais. Ces vétérans surannés des coulisses, qui, par l'égoïsme le plus absurde, contribuent si puissamment à la décadence de l'art dramatique, sont malheureusement trop attachés aux anciens abus qu'ils appellent des traditions, abus dont la suppression contrarierait leur paresse, les conduirait à de pénibles études, et les engagerait à de nouvelles dépenses. Dans l'espoir d'attirer exclusivement la foule, il est plus court, le jour d'une représentation extraordinaire, d'annoncer des billets de corridor à six francs, et d'embaucher les premiers acteurs du second théâtre, en leur versant le Lunel et la Malvoisie, ou les vieilles liqueurs de madame Anfou (2). D'ailleurs pourquoi se gêner? beaucoup se souviennent qu'avant l'établissement très-*vexatoire* du second théâtre, les comédiens de la rue Richelieu rou-

(1) « La société du théâtre Français se compose actuellement de sociétaires à part entière, à trois quarts de part, à demi-part, à quart de part et de pensionnaires. *Le Rideau déchiré*.

(2) Liqueurs des îles, très-renommées.

laient paisiblement chaque année dans le cercle étroit et perpétuel d'une trentaine de tragédies, comédies ou drames dont le mérite était reconnu; quoiqu'ils aient, incontestablement, le plus riche répertoire, rarement on les voyait exposer leurs talens aux chances périlleuses d'une nouveauté. Ce bon temps serait-il passé, lorsqu'on vient au théâtre bien moins pour Racine ou Molière, que pour entendre les premiers acteurs? Plaisanterie à part, en laissant les sociétés d'acteurs avec leur organisation actuelle, j'ai lieu de conjecturer que l'Odéon, qui vient de recevoir un directeur, peut donner quelques espérances d'amélioration. Là, il n'y aura point d'antiques traditions à suivre, pour morceler nos grands maîtres. L'émulation doit opérer ce prodige. Là, on ne craindra point de lésiner sur les décorations et les costumes, si le magasin et la garde-robe n'y sont point portés à un prétendu complet. » « Vous avez indiqué la vraie source du mal, réprit M. de Clinville; vous avez porté le fer dans la plaie, et touché jusqu'au vif. Quoique deux commissaires royaux aient été nommés près le premier Théâtre-Français et Feydeau, je crois qu'il existe un moyen plus sûr de restauration, et qui me semble fort simple.

« Comme l'a fort bien dit un jeune acteur, dans ses *Idées sur les deux Théâtres*. « Des « comédiens ne peuvent se gouverner eux-« mêmes. Ce n'est point entre leurs mains que « doit être remis le sort des jeunes gens qui « entrent dans la carrière. Les études de « l'artiste ne peuvent pas d'ailleurs se con-« cilier avec celles d'administrateurs. (1) »

« Aussi lui a-t-on fait payer assez cher cet aveu naïf, répliqua Mme de Valmont, qu'on n'attribuera jamais qu'aux plus nobles motifs. Victor aura voulu, par cette abdication de puissance, favoriser les progrès de l'art; et conséquemment servir les intérêts du public. » « Je pense bien comme vous, réprit Dancour; mais, probablement, certains sociétaires, véritables despotes de comité, ne lui auront pas pardonné son indépendante franchise, et surtout de vouloir leur arracher une autorité dont il avait été précédemment la victime. » « Je suis charmé, ajouta M. de

(1) *Idées* sur les deux théâtres Français, et sur l'École royale de déclamation.

Clinville, que cet intéressant acteur ait provoqué lui-même les dispositions principales du plan que j'ai conçu. Il faudrait, selon moi, dissoudre les sociétés des théâtres royaux, en leur donnant une administration semblable à celle du grand Opéra, en mitigeant toutefois l'autorité du directeur par un conseil d'hommes de lettres, aussi justes qu'éclairés; cette mesure prudente ne doit pas être négligée; elle est même indispensable pour tempérer l'espèce de despotisme qui, plus d'une fois, a jeté la terreur et le découragement dans le palais des Grâces et des Amours.

« D'après cette organisation nouvelle, les comédiens ne seraient plus seuls avec les censeurs, les juges des auteurs dramatiques et les arbitres de leur sort. Un conseil serait formé pour la réception, le choix, ou la mise en scène des pièces nouvelles, et même de celles qu'une paresse insouciante fait négliger, quoiqu'elles fassent partie intégrante du répertoire, et que leur apparition contribue singulièrement à varier nos plaisirs. Ce conseil, composé, comme je vous l'ai déjà dit, d'hommes de lettres aussi zélés qu'impartiaux, discuterait sur le mérite ou les défauts du drame présenté; écouterait l'opinion raisonnée, les réclamations, répliques et contredits des ci-devant sociétaires présens et présentes à la lecture et à la délibération. Sous l'autorisation des premiers gentilhommes de la Chambre, ce conseil jugerait en dernier ressort sur l'adoption ou le rejet des pièces soumises à son examen. A des jours reglés, ces commissaires royaux se réuniraient pour faire une revue générale et approfondie des richesses manuscrites renfermées dans le *chartrier* dramatique, où, peut-être, depuis si longues années, dorment en paix, ensevelies dans de poudreux cartons, tant de tragédies excellentes et de comédies d'une facture exquise. En provoquant pour ces drames divers la faveur d'une représentation et le jugement du public, on donnerait à leurs auteurs une sorte de résurrection. Si ces réglémens favorisent les auteurs, je puis affirmer que les artistes eux-mêmes auront lieu de s'en applaudir, puisqu'ils leur procureront de nouvelles occasions de développer leurs moyens dans des rôles plus variés; dès-lors, les talens, justement appréciés, seront mis à leur vraie place, sans avoir égard à l'ancienneté d'un sujet nul ou médiocre. Le mérite seul, sans autre considération, obtiendra le rang qu'il aura justement acquis; et les récompenses décernées aux premiers sujets en tout genre, les fixeront dans notre patrie. Nous n'aurons plus la douleur de les voir, même en hiver, s'exiler dans les départemens, ou chercher fortune dans les pays étrangers : remarque assez importanté dans un moment où nous sommes menacés de perdre, peut-être pour toujours, MM. Garcia et Perlet, et Mmes Fodor, Pasta, Perlet et Léontine.

« Oui, Messieurs, si l'autorité suit la marche que j'ai tracée, si elle opère ces changemens, ces transmutations, ces réformes, ces améliorations, peu à peu vous verrez disparaître tous les abus; alors nous démentirons cet axiome que j'ai souvent entendu sortir de la bouche de Francklin.

« La négligence ouvre la porte aux abus;
« l'égoïsme les introduit; l'ignorance les ac-
« cueille; le temps les affermit; la multitude
« en souffre; les particuliers en profitent; le
« zèle y cherche un remède; la science le
« trouve; et la cupidité le repousse. »

CHAPITRE LIII.

Bal. — La passion du jeu l'emporte sur celle de la danse. — Peinture générale de la société des salons. — Certains usages ont disparu et fait place à d'autres. — L'écarté fait fureur. — Les charades en action passées de mode. — Les comédies et petits opéras très-en vogue sur les théâtres de campagne. — Charme des sociétés de la capitale. — Les *Album*.

Tout en applaudissant aux plans de M. de Clinville, on était sorti de table. De l'eau avait été offerte aux convives, dans des vases de cristal azuré, pour se laver les mains et la bouche; et l'on était passé dans une autre pièce pour y prendre le café et les liqueurs.

Rentrée dans le grand salon, Mme de Valmont y trouva une assemblée extrêmement nombreuse; indépendamment des amis intimes invités au dîner, toutes ses connaissances s'étaient empressées de venir la complimenter et de se rendre au bal qu'elle donnait le soir pour terminer plus gaiement le jour de sa fête.

Déjà l'orchestre avait préludé par la plus douce symphonie; bientôt succéde une musique vive et bruyante; et ce fut alors que Mme de Valmont ouvrit le bal avec Philoménor, dans un quadrille où les belles formes grecques et les graces légères de France présentèrent, par le plus heureux accord, un spectacle véritablement ravissant ; l'admiration était portée à son comble; et je n'ai pas besoin de dire que tout le monde s'était levé, et avait formé cercle pour le contempler; cela se devine, quand on connait Paris. Mais, le jeu, qui a bien aussi ses attraits, avait réuni dans les autres appartemens les personnes d'un âge plus mùr, qui ne dansent point; et même beaucoup de jolies dames et de jeunes gens. Après les premières contredanses, Philoménor fut étonné de voir la maîtresse de la maison être obligée de recruter des danseurs groupés autour des tapis verts. Par un motif très-louable, elle désirait que les demoiselles, qui jouent peu dans les grandes réunions, ou qui même ne jouent point du tout, pussent au moins danser, et qu'au son de la plus entraînante harmonie, tant de charmantes personnes ne fussent pas trop justement comparées à la vivante statue de l'opéra de *la Belle Arsène*, se morfondant pendant un siècle sur son triste piédestal; elle voulut donc presser le moment où quelque séduisant enchanteur viendrait, par une invitation magique, les tirer de la plus enuyeuse immobilité. Semblable à une fée protectrice, d'un seul mot elle réussit à leur imprimer le mouvement, et pour ainsi dire une nouvelle existence. Pendant qu'une foule d'élégans, sans attendre le résultat du coup le plus piquant et le plus décisif, s'empressait de céder aux désirs de Mme de Valmont, en confiant rapidement ses intérêts pécuniaires aux soins de l'amour ou de l'amitié; pendant que chaque danseur se précipitait dans la salle du bal, invitait une jeune beauté, et se mettait en place, Philoménor, débarassé du tourbillon, et rapproché de moi, s'amusait infiniment de scènes éminemment dramatiques. Ce n'étaient plus les jeunes gens qui avaient déserté le grand salon, c'étaient de jeunes femmes qui, préférant l'écarté au plaisir de la danse, se lancaient au jeu avec une incroyable vivacité. Celle-ci assiégeait la place vacante; supplantait lestement l'homme pacifique que son tour y appelait; le consolait poliment d'un sourire; l'engageait à parier dans son jeu, en lui promettant les chances les plus heureuses, fondées, disait-elle très-sérieusement, sur un rêve de la nuit. Celle-là, après avoir épuisé sa bourse, empruntait à mi-voix à son voisin, ou jouait sur parole, dans la persuasion, assurait-elle, que ce moyen unique, infaillible, portait bonheur. D'autres dames, enfin, beaucoup mieux inspirées sans doute, ne faisaient pas une partie sans changer de cartes, sans mêler le jeu de leur adversaire, en y ajoutant la culbute. (1)

« Oh! que votre J.-B. Rousseau, me disait à mi-voix mon ami, avait bien raison d'écrire ces vers d'une épigramme qui s'est presqu'involontairement gravée dans ma mémoire :

« Ce monde-ci n'est qu'une œuvre comique
« Où chacun joue un rôle différent.

Œuvres choisies, page 313.

(1) Renverser les cartes sur le tapis avant de couper.

De bonne foi, ces femmes, si spirituelles et si charmantes, croyent-elles réellement ce qu'elles ont l'air d'affirmer d'un ton si positif? Pourquoi chercher à nous persuader qu'elles conservent encore ces petits préjugés de l'enfance? » « Je présume en deviner la raison, lui répondis-je; mais comme, sous peine d'être taxé d'indiscrétion, je ne pourrais vous la dire, vous applaudirez sans doute à mon silence. » « Je n'en reviens pas, insistait le jeune Grec. Quoi! avec un jugement si sain, tant de lumières, tant d'instruction, une éducation aussi soignée, la superstition aurait-elle pu les gagner et les séduire? régnerait-elle encore dans un siècle aussi éclairé que le nôtre? » Sa surprise redoubla en voyant que le goût du jeu ne les abandonnait pas, même en exécutant un pas de Coulon ou d'Aumer, et même en valsant avec le plus aimable abandon. Un joueur se levait-il de table, nous entendions souvent une merveilleuse tenir, en pirouettant, aux *attentifs* qui l'entouraient, ce langage digne de Sparte: — Ai-je gagné? ai-je perdu? — Madame, voici votre argent. — Bien, très-bien: gardez...... vite, mettez pour moi; je fais mon paroli.

« Quelle fureur du jeu ! » ne cessait de s'écrier Philoménor. « Vous rêvez, lui dis-je, et, dans ce moment, vous n'avez pas assez d'indulgence. Concevez-donc combien il est piquant de jouir, dans l'instant le plus fugitif et le plus rapide, de quatre plaisirs à la fois ; de la musique, de la danse, du jeu et des triomphes de la coquetterie. » « Paix ! répliqua Philoménor, parlez plus bas ; vous seriez entendu peut-être ; et, pour la dernière jouissance, beaucoup de femmes ont la prétention de n'en pas vouloir convenir. Au surplus, j'avoue que mes observations sont complètement ridicules ; et le genre que je censurais si sottement, doit être le *nec plus ultrà* de la civilisation. » « N'en doutez pas, repris-je ; permettez-moi toutefois de vous faire remarquer que les amusemens de la société de Paris ont singulièrement changé depuis huit ou dix ans. A cette époque, la *bouillotte*, que l'on ne joue plus qu'au marais, était alors en grande faveur. Ce jeu est entièrement passé de mode au quartier Saint-Germain et dans la Chaussée d'Antin. Le loto royal se joue beaucoup au pavillon de Flore. Le boston, l'impériale, le wist se soutiennent encore dans certaines maisons. Mais il est un autre jeu, mon cher Philoménor, qui devrait être à jamais proscrit dans les salons : je veux parler du *creps*; l'anglomanie l'avait fait adopter; Mme de Valmont n'a pas permis qu'on l'introduisît chez elle, surtout depuis qu'un jeune homme qui lui avait été singulièrement recommandé, y perdit dans une seule séance près de cent mille francs. C'était une dette d'honneur qui devait être acquittée sans délai. Pour se procurer cette somme jouée sur parole, cet infortuné, à peine sorti de l'enfance écrivit à sa mère une lettre très-attendrissante, dans laquelle en exprimant ses regrets et ses chagrins, il la priait de vendre une ferme éloignée et de lui en faire passer la valeur. Cette bonne mère, retirée depuis son veuvage dans une terre magnifique, près des Cévennes, lui répondit :

« Je suis moins touchée, mon fils, de la perte assez « considérable que vous avez faite, que des suites « qu'elle peut avoir si vous ne suivez pas les conseils « de votre meilleure amie. Qui pourrait, hélas, me « répondre que votre fortune ne soit pas un jour en- « tièrement compromise? Après avoir relu votre « lettre, j'ai mûrement réfléchi au parti que je devais « prendre; et je crois avoir choisi le plus sage; je

« suis décidée à venir à votre secours; mais sous la « condition expresse que vous quitterez Paris et que « vous me rejoindrez aussitôt. Si vous acceptez mes « offres, répondez-moi poste pour poste; et la somme « dont vous êtes redevable sera incessamment comptée « à vos créanciers. Je suis bien loin, mon fils, de vou- « loir gêner votre liberté; mais, à dix-sept ans et « demi, Paris serait peut-être pour vous un gouffre « sans fond. Vous reverrez cette capitale lorsque vous « aurez plus d'âge et d'expérience. En payant vos « folies d'un jour, je n'ai point voulu entamer des « immeubles; j'ai préféré m'imposer à moi-même des « sacrifices personnels et vous punir de votre impru- « dence, en vous donnant une leçon que chaque jour « vous rappellera. J'ai détruit pour quelques années « les agrémens d'une terre qui doit vous revenir lors- « que je ne serai plus. Ces hautes futaies, ces bois « précieux dont vous aimiez tant le riant aspect et « l'ombre hospitalière, sont vendus; et lorsque vous « recevrez cette lettre, la hache aura fait tomber ces « chênes majestueux, ces cèdres et ces hauts pins « dont la tige semblait défier la foudre et devoir vivre « plusieurs siècles. Il l'a fallu : j'ai préféré me rési- « gner à des privations; imitez-moi, mon fils; mais « je n'ai point voulu deshériter ni vous ni vos enfans « (si vous en avez un jour) d'un patrimoine que tôt « ou tard on regrette, lorsque l'on est entré dans « l'âge de la raison et de la sagesse. Je vous afflige « peut-être, mon fils; dans vingt ans vous eussiez « blâmé mon défaut de prévoyance, et sans doute à

« cette époque vous bénirez ma mémoire. Aux re-
« proches que je suis obligée de vous faire, je veux
« opposer quelques consolations. La saison le permet :
« venez me donner votre goût, vos conseils pour
« remplacer, par de nouvelles plantations, ces bois
« plantés par vos aïeux. Puissent les soins de ma
« tendresse, les plaisirs de l'aimable agriculture, qui,
« avant votre départ, amusaient vos loisirs, vous
« faire oublier ce Paris que vous n'avez connu que
« par des revers de fortune! Puissent ces arbres que
« nous replanterons ensemble, vous rappeler, en se
« développant, les périls où peut entraîner la passion
« des jeux de hazard, et vous guérir pour jamais d'un
« penchant aussi pernicieux que funeste! Venez, je
« vous attends, mon cher fils; et souvenez-vous tou-
« jours dans vos chagrins, que :

« L'asile le plus sûr est le sein d'une mère. » (1)

« J'ajouterai, mon cher Philoménor, que ce jeune homme quitta Paris le jour même, et se rendit auprès d'une mère dont il fait le bonheur.

« Cent autres jeux innocens, où l'on infligeait de si douces punitions, ont entièrement disparu avec ces petits drames que l'on appellait charades en actions. Ces comé-

(1) Florian.

dies, pantomimes ou parlées, exigeaient une improvisation très-favorable et très-propre à faire briller les gens d'une imagination vive et féconde ; mais devenaient très-pénibles et très-embarassantes pour beaucoup d'autres. Et vous me l'avez dit cent fois, mon cher ami, il n'est point de tâche plus insupportable que l'insipide obligation de faire continuellement de l'esprit. La bizarrerie des costumes, la variété des poses, étaient les indices qui devaient servir de fil aux spectateurs pour découvrir l'issue du labyrinthe où les comédiens cherchaient à vous égarer sans cesse, tout en paraissant vous donner les renseignemens les plus précis. La pièce, selon le nombre des syllabes du mot choisi, se divisait en deux, trois, quatre ou cinq actes. En se rappellant les scènes antécédentes, le tout de la charade devait être deviné. Je le présume ; le dérangement d'une toilette soignée, que ce jeu détruisait presque toujours, n'aura pas peu contribué à faire abandonner ce genre de plaisir, pour lequel, d'ailleurs, il fallait dans chaque maison un vestiaire assez varié. De plus tout se trouvait bouleversé dans les appartemens, puisqu'une grande partie des meubles servait à exprimer le logogriphe ; et ce bouleversement, cause nécessaire de beaucoup d'accidens, devait aussi naturellement déplaire aux maîtresses de maison qui aiment l'ordre, la propreté et la conservation d'un mobilier aussi élégant que précieux.

« On joue bien, si vous voulez, la comédie de société ; mais seulement dans les beaux jours de l'été ou de l'automne, sur un petit théâtre de campagne ; et l'on n'y représente que des pièces faites par nos meilleurs poètes, sans y être, comme aux charades en action, auteur et acteur à la fois. A ces différens jeux surannés, auxquels on ne songe plus, on a substitué le billard. Il est peu de maisons opulentes qui n'aient une pièce affectée à cette destination.

« Enfin, mon cher ami, aux soirées ordinaires, un usage qui, dans certains départemens serait l'oubli de toute politesse, ou pour mieux le caractériser, une incongruité révoltante, un scandale épouvantable, est toléré dans plus d'une réunion de Paris. Est-on las de converser, n'aime-t-on ni les cartes, ni le billard, ni la danse, on est parfaitement libre, sans que le maître de maison le trouve mauvais, d'examiner un cabinet de tableaux, et de parcourir, dans un coin du salon ou de l'appartement voisin, la feuille du jour ou la brochure nouvelle. Souvent même des hommes de talent s'amusent à enrichir l'*album* des dames; et presque toutes y conservent un souvenir de nos grands artistes modernes, tel, qu'un cheval de Carle, un ermite d'Horace, une tête de Girodet, une pèlerine de Lescot, un paysage de Watelet, une fabrique de Bertin, un bouquet de fleurs de Vandael, et une romance inédite de Lamartine, sur un air spontanément composé, noté et chanté par Lafont ou Romagnési; et vous savez, mon cher Philoménor, qu'un *album* bien varié est indispensablement nécessaire au bonheur d'une femme à la mode. »

CHAPITRE LIV.

Au milieu de la fête, Philoménor reçoit des dépêches de la Grèce. — Il veut quitter Paris. — Son dévouement à son pays. — Affreux malheurs de la Grèce. — Reproches que mérite l'Europe à ce sujet. — Philoménor réclame pour sa patrie l'appui de la France. — Avantages qui en résulteraient pour elle. Vœux du jeune Grec. — Ses touchans adieux.

« O la délicieuse société! s'écriait Philomenor! comme on est bien ici! je voudrais y passer ma vie! » A peine finissait il ces mots, qu'un de ses gens demande à lui parler, et lui remet un énorme paquet au timbre de la Grèce; l'envie bien naturelle d'en connaître le contenu le fit se retirer de bonne heure à l'hôtel qu'il habitait. Lorsque je le revis quelque temps après, j'eus la douleur d'apprendre que les lettres qu'il venait de recevoir du Péloponèse étaient pressantes, et qu'il serait obligé de quitter Paris sans avoir visité beaucoup d'endroits qu'il n'avait pu connaître pendant le bref séjour qu'il y avait fait; ses préparatifs de départ étaient terminés; les relais de poste avaient été commandés le jour même. « Je n'ai plus qu'une heure à passer avec vous, me dit il, mon cher ami, avant de vous quitter; et je ne n'ai pas l'espérance assurée de vous revoir jamais. Je dois partir; il le faut. Mon pays m'appelle; puis-je balancer un instant à voler à sa défense, et transiger avec le devoir le plus sacré? En est-il un plus impérieux? je vais me dévouer à ma patrie, à cette patrie si chère, pour qui mes ancêtres ont su mourir. O mon ami! croyez qu'un tel sentiment m'est cent fois plus cher que l'amour et même que l'amitié.

« Lisez, ajouta-t-il, lisez cette épître fatale, et vous verrez si, sans être le plus coupable des hommes, je pourrais languir dans un lâche repos; s'il m'est encore permis de rester dans cette France, qui emporte tous mes regrets. Lisez, vous dis-je, les affreux détails écrits en caractères de sang, sur ces pages que j'ai cru voir empreintes des larmes brûlantes d'une mère chérie. Partout, dans la Grèce, règnent la spoliation et (1) le carnage; Athènes

(1) « Les Turcs ont vendu aux Juifs les propriétés des Grecs à vil prix. « A Smirne la plus atroce per-

à été la proie des flammes ; l'asile du consul français n'a pas été respecté ; et les riches débris que mes mains lui avaient aidé à conquérir et à rassembler, peut-être n'existent plus. (1)

fidie se joint à la plus basse cupidité. En vain, pour sauver leur vie, des Grecs ont payé les énormes rétributions exigées par leurs tyrans. Ces tigres à figure humaine prennent les bourses d'or, et n'en livrent pas moins ces crédules victimes de la prétendue bonne foi musulmane, à des corsaires algériens, qui les massacrent. » *Journal des Débats*, du 29 décembre.

(1) « La maison de M. Fauvel, placée entre la « bibliothèque des Ptolemée et le temple de Thésée, « est la retraite d'un sage, embellie par le goût. Il « est entouré des débris de l'ancienne Athènes. On « s'assied chez lui sur des tronçons de colonnes, sur « des chapiteaux. On est abrité par des tuiles anti-« ques : des tombeaux, des inscriptions rappelent de « toutes parts aux voyageurs les noms, les entre-« prises, les regrets de ceux qui traversèrent cette « vie inquiète et agitée. » En 1819, c'est à dire depuis quatre ans, une partie de la collection de M. Fauvel fut achetée par M. le comte de Forbin, pour le Musée royal. La France la possède-t-elle? Nous l'ignorons. Depuis long-temps, ce consul véritablement patriote, se proposait d'en orner le Musée de son pays. » *Voyage dans le Levant*, pages 18, 38, 39.

Partout on renverse de fond en comble nos basiliques (1) ; on séquestre nos biens ; on pille nos trésors ; on égorge, on empale, on crucifie les plus vertueux chrétiens, depuis les patriarches (2) jusqu'aux plus misérables esclaves ; à Scio, les Turcs, dans leur rage, ont pendu cinq mille enfans ; ils en ont formé des chaînes et les ont noyés dans la mer. Scio n'est plus qu'un lac de sang (3). Dans l'île

(1) « Les Turcs ont enlevé les objets les plus pré-« cieux qui se trouvaient dans les églises, les orne-« mens et les vases sacrés. Ils ont coupé les tableaux « à coup de sabre et les ont jetés dans les rues. »

Journaux du temps.

(2) « Indépendamment du patriarche de Constan-« tinople, de l'archevêque de Salonique et des prélats « de l'Asie-Mineure qui ont été décapités, et de plus « de quatre cents prêtres égorgés, les Turcs ont pendu « dans les premiers jours de novembre, six évêques, « parmi lesquels se trouvait le fameux archevêque de « Philippolis ; et l'expulsion générale de ceux qui « leur ont succédé, est en ce moment même solli-« citée par le Divan. »

« Les princes, comme on sait, ne sont pas plus « épargnés, puisque les têtes des Callimacchi ont été « exposées au Sérail de Constantinople. »

(3) « A Chémée, ces barbares les noyaient par ban-

de Crète, la rage d'une milice forcenée ne s'est assouvie qu'en donnant à dévorer aux chiens les lambeaux des Grecs qu'ils avaient inhumainement massacrés (1). On vend à l'encan nos vierges captives (2). Les princesses du sang le plus illustre (3) ont été publiquement violées dans d'infâmes bazars; non contens

« des de cinquante à soixante ensemble. » Francfort, *Journal de Paris*, du 12 juillet 1822.

(1) Journaux du 13 avril 1823.

(2) « Vingt-deux religieuses du couvent incendié « de Warateke furent amenées au général ottoman, à « Jassy, qui les fit vendre comme esclaves, de l'autre « côté du Danube. » *Journal des Débats*, du 31 octobre.

« Les troupes turques, la plupart d'Asie, ont rassemblé plus de mille femmes et vierges grecques de « Salonique, et les ont envoyées aux bazars de Salonique et de Constantinople, pour y être vendues. « Près de quatre cents se sont suicidées en route, de « diverses manières, pour ne pas rester dans les « mains de ces barbares. La plupart moururent de « faim; d'autres se tuèrent entre elles. » *Journal de Paris*, 6 décembre.

(3) Les Princesses Morusi; elles peuvent être à Odessa, et n'en avoir pas moins éprouvé les plus sanglans outrages.

de massacrer nos frères pour assouvir leur implacable haine et s'enrichir de leurs dépouilles, les Turcs en furie rafinent sur les supplices et les tourmens. Forfait inoui dans l'histoire des siècles, festin non moins affreux que celui d'Atrée, nos horribles tyrans forcent leurs victimes à devenir antropophages! On a vu des Grecs assez infortunés pour être contraints de dévorer eux-mêmes leurs membres mutilés, leurs membres brûlés et palpitans.... (1)

« Des cruautés qu'on croyait suspendues, se renouvellent (2). Récemment, à Pergame (3), plus de mille Grecs ont été égorgés ; près Janina, un pauvre solitaire à été attaché

(1) Voyez les journaux du temps, sous la date de Vienne.

(2) *Moniteur*, 15 septembre 1823.

(3) « Le Mousselim de Janina a expédié un déta-
« chement de douze cents garnisaires armés pour
« mettre tous les villages chrétiens à exécution mi-
« litaire. Ainsi depuis quinze jours, on ne voit sur
« notre place, que meubles, bestiaux, instrumens
« aratoires en vente. Le mobilier des églises n'est pas
« plus respecté que celui des particuliers. On démo-
« lit le peu de couvens qui restaient, dont on ne peut

en croix, et après avoir souffert les tourmens du Christ, les Turcs l'ont brûlé vif (1).

« D'après de tels préliminaires, l'extermination de tous les Francs n'est-elle point secrètement jurée par le divan? Une boucherie universelle, sans distinction d'âge, de sexe et de rang... (2) Grand Dieu! de tels malheurs ne toucheront-ils point l'Europe? Ses agens ne rougiront-ils jamais de se montrer supplians

« rien tirer; les prêtres et les religieux sont mis aux « fers. L'extirpation du christianisme est le but secret « de ces mesures. » Japina, *Pilote*, du 18 septembre 1823.

(1) Idem.

(2) Ceci était écrit depuis plus de six mois, lorsque j'ai lu dans un arrêté pris en faveur des Grecs, par la respectable université de Cambridge, ces mots terribles :

« Tous ceux qui connaissent la politique barbare « du gouvernement ottoman sentiront sans doute la « justesse de ce raisonnement : il n'y a pas long-temps « que le Divan de Constantinople s'est occupé de « l'extermination de toute la population grecque qui « se trouve dans l'empire turc; les massacres de « Scio, de Crète, de Chypre et d'autres villes impor- « tantes en sont la preuve. » *The Courrier*, 18 décembre 1823.

et pour ainsi dire prosternés devant des barbares (1)? Des prières n'attendrissent point des tigres. C'est le glaive seul de la force et de la vengeance qu'il faut faire briller à leurs yeux. Une politique vacillante et incertaine, une politique au cœur d'airain, l'emportera-t-elle sur la reconnaissance? L'Europe, si vaine de sa civilisation, oublierait-elle qu'elle tient de nos aïeux tous les élémens de son bonheur? Belles-lettres, beaux-arts, sciences, philosophie, économie législative et rurale, elle a tout reçu de nous, et il n'y a pas un manuscrit, un fragment de colonne, un bas-relief, une statue qui ne dût lui reprocher son ingratitude. Presque tous les souverains d'Europe nous ont abandonnés (2) : seul, le pontife de Rome nous accueille et nous ouvre ses bras paternels ; aussi brûlons-nous de lui être unis par les liens les plus étroits et les plus

(1) Note présentée par MM. les consuls des puissances européennes à Smirne, à son excellence Hassan Pacha et à toutes les autorités turques réunies en Divan, et depuis les négociations de lord Strangford, le 3 décembre 1821.

(2) Résultat du congrès de Véronne.

sacrés (1), nous que l'on représentait comme des fanatiques orgueilleux et entêtés! L'Angleterre, il est vrai, semble adoucir pour nous ses rigueurs accoutumées; ne vous y trompez pas, mon cher ami; ce ne sont point les saintes lois de l'humanité, si souvent violées par elle, qui la guident; attribuez à de moins nobles motifs ce changement qui semble s'opérer dans son système aussi persécuteur que tyrannique; notre opiniâtre résistance, le courage même du sexe le plus faible (2), quelques

(1) Députation grecque à Rome.

(2) « Douze cents Hellènes surpris par une armée « de quinze mille Turcs, au pied de leurs montagnes, « non loin des bords du Glichis (l'ancien Achéron) « prirent la funeste résolution d'égorger leurs femmes « et leurs enfans, et de tomber sur leur ennemi si « supérieur en nombre, afin de s'ouvrir un passage « ou de périr les armes à la main; mais ces femmes « courageuses détournèrent leurs maris d'un si hor- « rible dessein et demandèrent à marcher avec eux « contre les infidèles. On procéda alors à un choix « parmi les femmes, qu'on enrôla au nombre de huit « cents. De leur côté les hommes se réunirent et for- « mèrent un corps de trois mille combattans. Le len- « demain les Turcs furent attaqués et mis en déroute. « Le résultat de cette journée où les femmes suliotes

brilians succès, et bien plus encore la haine et la terreur qu'inspire la Russie à la Grande-Bretagne, lui font craindre des vengeances trop méritées, qu'elle voudrait prévenir et apaiser. Je crois même entrevoir, sous ses feintes caresses, les chaînes qu'en secret elle nous prépare. Peu certaine de conserver ses usurpations sur le continent, elle songe à des indemnités futures; et déja peut-être elle rêve un nouvel empire insulaire au milieu des tempêtes de l'Archipel grec. Ma patrie se laisserait-elle séduire par les avances fallacieuses de cette puissance, qui réconcilie (1) des ennemis dont

« ne montrèrent pas moins de courage que leurs ma-
« ris, fut la prise de douze cents hommes et quatre
« pièces de canon. Dix-sept femmes trouvèrent une
« mort glorieuse sur le champ de bataille. » *Courrier Français*, 13 octobre 1822.

(1) « C'est le 16 juillet 1823, que par la puis-
« sante influence de lord Strangford, dont le secrétaire
« a travaillé fortement à la médiation, la paix entre
« la Porte ottomane et la Perse a été ratifiée à Er-
« zérum. Si après cela il reste un Grec qui ait quelque
« confiance dans le ministère anglois, nous ne pou-
« vons que plaindre son aveuglement. » *Drapeau Blanc* du 15 septembre, même année. *Courrier*, même date.

les divisions furent si favorables à notre émancipation politique? Compterait-elle sur la bonne foi de cet inexplicable gouvernement, qui, nouveau Janus, tend une main amie et protectrice aux insurgés militaires du Portugal (1) et des Espagnes (2), leur vend et leur livre son salpêtre et ses bayonnettes (3) pour fou-

(1) Traités faits avec les Cortès de Lisbonne.

(2) « L'Espagne fait une expérience de la liberté. « Je lui souhaite sincèrement du succès; elle n'offense point la loi commune entre les nations, et si « le principe d'intervention était admis dans une pa- « reille circonstance, il n'y aurait plus de sûreté pour « aucun peuple, même pour nous. » Discours d'un des ministres du roi d'Angleterre, M. Huckinson, prononcé à Liverpool, Londres 19 février 1823.

« Un Anglais de distinction, lord Nugent, s'est « enfermé dans Cadix avec Quiroga, chef du batail- « lon sacré, composé de ceux qui ont été le plus com- « promis, et s'est déclaré très-ouvertement pour une « ferme résistance. » *Statesman*, 4 octobre. *Journal de Paris*, 8 du même mois, 1823.

(3) « L'ambassadeur d'Espagne a traité avec une « seule manufacture anglaise pour la fourniture de « vingt mille barils de poudre à canon pour l'armée « espagnole, et qui doivent être embarqués dans le « plus bref délai possible. Un bâtiment est parti avec « un chargement d'armes de toute espèce, destiné

droyer et égorger les généreux défenseurs de tous les pouvoirs légitimes, vous m'entendez, les Français ; et souvenez-vous que cette même nation, si libérale à l'Occident (1), prodiguait naguère en Orient ses conseils, ses frégates, ses armes, ses munitions et jusqu'à ses soldats

« pour la Corogne, c'est le second envoi d'armes « fait à l'Espagne, depuis *la révocation de l'ordre* qui « en défend l'exportation sur le continent. » Londres, 4 mars 1823, *Journal de Paris*, 7 mars 1823.

(1) D'après le rapport même de lord Nugent, « Quelques officiers anglais qui se trouvaient au Tro- « cadéro, conseillèrent aux Espagnols de ne tirer que « quand les Français seraient sur le glacis. Ce conseil « fut si exactement exécuté, que les Français furent « d'abord repoussés par la mousqueterie, et ensuite à « la bayonnette, les Espagnols les ayant poursuivis « jusqu'au delà du canal, ayant de l'eau jusqu'au cou. « Avec de tels défenseurs, on devait croire que le « Trocadéro était en sûreté, et cependant il fut pris « deux jours après, presque sans résistance, et de la « manière la plus humiliante. » *Morning Chronicle*, *Drapeau blanc*, du 17 octobre 1823.

Enfin on sait assez la conduite d'autres Anglais enfermés à Cadix avec les Cortès ; on n'ignore pas que Gibraltar est le refuge des membres les plus coupables; et toute l'Europe est informée que l'Angleterre est l'inviolable asile des séditieux de tous les pays.

au despotisme le plus absolu, le plus immoral, le plus sanguinaire, le plus féroce, et secondait ainsi de barbares infidèles pour exterminer des Grecs, des Grecs professant la même religion, le même droit des gens, et les mêmes principes de civilisation. »

« Oui, sans doute, répliquai-je, mon cher Philoménor, vos défiances sont justes et fondées en raison. Quelle honte éternelle pour l'Angleterre! Dans des temps bien plus critiques, était-ce ainsi que se conduisirent ces braves (1) guerriers qui composaient à Rome la légion Thébaine (2) si renommée pour son intrépidité (3), sa soumission et son dévouement (4) à l'empereur? en vain Maximien,

(1) « Viri in rebus bellicis strenui et virtute nobiles. » Caput IV, page 17.

(2) « Ex orientalibus militibus. » Caput I.

(3) « Fulminatrix dicta sub M. Antonio Pio. » Epistola dedicatoria.

(4) « Tum hi qui præerant legionem miti afflatu « dedere responsum; ad bellorum usum paratam le- « gionis esse virtutem. » Caput IV, page 18.

« Milites quidem, Cæsar, tui sumus: habebis po- « testati tuæ subdita omnium corpora. » Caput VI, pages 28, 29.

victorieux dans les Gaules, veut les forcer de persécuter les Genévois (1), chrétiens comme eux; en vain pour les y décider il épuise les menaces et les supplices (2); chefs, officiers, soldats, résistent avec respect et ne se révoltent point (3). Maurice Exupère, Candide et plus de six mille légionnaires déposent leurs armes et leurs boucliers (4);

(1) « Maximianus Cæsar octodorum venit : ibique, « sacrificaturus idolis suis, convenire exercitum jussit « atroci proposita jussione, ut per aras demonibus « consecratas jurarent æqualibus sibi animis bagandorum turbas, christianos verò velut inimicos diis « suis ab omnibus persequendos. » Caput II, page 11.

(2) « Ad apparitores jussio infausta porrigitur, ad « legionem velociter properatur; crudelia præcepta « reserantur : traduntur neci quos ordo reperit nu- « merandi. » Caput VI

(3) « Tenemus ecce arma et non resistemus. » Caput VII, page 34.

(4) « Quæ legio sex millia sexcentos sexaginta sex « viros validos animi et instructos armis antiquorum « Romanorum habebat exemplo. » Caput I, page 7.

« Tela projicimus. » Caput VII, page 34.

Martyrium Mauricii et sociorum ejus a sancto Eucherio episcopo lugdunensi conscriptum. De la bibliothèque royale.

victimes sans défense (1), ces lions si terribles dans les batailles, sommés trois fois de combattre, préfèrent trois fois être décimés (2) et même massacrés jusqu'au dernier, plutôt que de verser le sang de leurs frères (3), plutôt que de commettre une action qui leur semblait être un affreux parricide. Ah! si la majesté des monumens se proportionnait à la grandeur de ces héros magnanimes, les

(1) « Exarmatas quidem dexteras satelles tuus inveniet. » Caput VII, page 34.

(2) « Tum Maximianus Cæsar iracundiæ nimietate « succensus subito furore prosiliit dicens, decimum « quemque; morti funesta sors præbeat. » Caput V, page 23.

« Inclementi præcepit jussione, ut iterum decimum « crudelitatis ordo consumeret. » Caput VII, page 33.

« At ille (Cæsar) desperans gloriosam eorum cons- « tantiam posse revocari : ire propere exercitum jubet, « et circumfundi imperat legionem, nullumque; de « tanto sanctorum exercitu præcipit relinqui. Ventum « itaque aperta est terra illic procumbentium in « morte corporibus justorum fluxeruntque pretiosi « sanguinis rivi. » Caput VIII, page 37.

(3) « Christiani sumus, christianos persequi non « possumus. » Caput VIII, page 34.

Alpes seules, mon cher Philoménor, étaient dignes d'être leurs tombeaux. »

« Que les Anglais, dans ma patrie, se sont montrés éloignés de sentimens aussi sublimes! me dit le jeune Grec en soupirant. Je le sais, ajouta-t-il, de récentes victoires ont effacé nos revers, séché nos larmes, et couronné nos efforts; mais ces efforts multipliés suffiront-ils pour nous soustraire à la fureur de nos tyrans, excitée chaque jour par de nouvelles défaites, par de nouveaux désastres, et d'autant plus à craindre qu'ils paraissent la dissimuler. Si l'humanité, foulée aux pieds par ces infidèles; si la religion, insultée, avilie, nageant dans le sang, se traînant expirante sur les restes fumans de ses sanctuaires embrasés, profanés, démolis, ne touchent point quelques puissances de l'Europe; je m'adresserai à la France, parce que la France est pour ainsi dire la légataire universelle de nos plus riches trésors. Ah! mon cher ami, si, soulevant le marbre qui couvre ses cendres inanimées, Louis IX sortait vivant de son sépulcre, douteriez-vous qu'on ne vît éclater sur sa poitrine le signe d'une nouvelle croisade contre les infidèles? Attendrait-il, pour nous secourir, que le dernier Grec eût été moissonné par le cruel cimeterre (1)? Mais je veux bien faire taire un instant la voix des malheureux, dont les accens plaintifs ne se firent jamais entendre en vain au cœur des Français, et surtout des Bourbons. Je ne ferai parler ici que votre intérêt personnel. Quoi! les vétérans de vos anciennes armées regrettent la guerre et soupirent après de nouveaux combats! L'opprimé réclame leur appui! Quelle carrière plus légitime pouvez-vous offrir à leur mâle courage? Votre gouvernement se bornera-t-il à nous envoyer quelques vaisseaux? Se contentera-t-il de sauver quelques passagers au milieu de ce grand naufrage? L'Archipel ne verra-t-il aucun de vos guerriers? et les échos des Thermopyles, comme ceux des Pyrénées, ne répéteront-ils jamais les chants de vos victoires? Ignorez-vous qu'il existe des mécontens secrets dans votre intérieur? Avez-vous

(1) Telles sont, dit-on, les forces de l'empire ottoman. Quarante millions d'hommes, deux milliards et demi de revenus; point de dettes; marine redoutable (malgré les échecs qu'elle a reçus), et un arsenal qui ne le cède à aucun autre. Voyez au surplus l'ouvrage de M. le baron Huchereau, de Saint-Denis et autres.

oublié tant de conspirations, heureusement avortées? et vous n'ouvririez pas une lice honorable à l'ambition trompée, remuante et peut-être séditieuse! Songez encore que votre population immense augmente chaque jour, et sera bientôt pour vous le plus lourd fardeau, lorsque votre empire, loin de s'être agrandi comme celui de vos voisins, s'est vu resserré dans ses anciennes limites!

« Votre beau royaume est, je l'avoue; dans l'état le plus prospère, mais vous avez perdu vos colonies lointaines. Vos comptoirs dans les Grandes-Indes sont presque sans territoire. Que je serais heureux si la Grèce un jour vous dédommageait de tant de pertes successives! (1) Si la Grèce devenait française! Si le drapeau des lys flottait triomphant sur les remparts de l'Acropolis, sur les tours de Rhodes et de Candie! Si la Charte du grand roi qui vous gouverne, cette Charte dont nos sages semblent lui avoir dicté les principes, était proclamée dans l'aréopage d'Athènes!

« La possession de nos fertiles contrées, en vous indemnisant amplement du Canada, de

(1) Pourquoi pas? nous avons bien conquis l'Egypte.

la Louisiane et de Saint-Domingue, vaudrait sans doute encore ces établissemens incertains du Sénégal, de la Guyanne et de Cayenne, où l'air est aussi meurtrier que la flèche empoisonnée des sauvages. S'il faut tout vous dire, l'humanité entière semble exiger cette conquête; c'est au peuple vainqueur de la peste qu'il appartient d'en extirper le germe jusque dans son berceau, en chassant les Turcs, ces barbares qui respectent ce fléau(1) comme autrefois les Vestales conservaient à Rome le feu sacré.

« Déjà votre gouvernement protecteur a sauvé des misérables; qu'il daigne compléter une œuvre si heureusement commencée! Qu'il daigne mettre un terme à nos lamentables infortunes! Qu'il n'hésite plus à nous envoyer des guerriers, des munitions et des armes! Et l'antique patrie des arts sera la

(1) « L'insouciance du gouvernement (turc), « dit M. de Jucheran de Saint-Denis, que j'ai déjà « cité, l'empire du fanatisme et les usages établis « conserveront les germes de cette maladie destruc- « tive, tant que cette capitale continuera à languir « sous le joug de ces barbares incorrigibles. » *Révolutions de Constantinople*, tome 1er, page 251.

juste récompense des plus généreux efforts.

« O mon ami, les Grecs ne sont pas tels que leurs implacables ennemis les ont dépeints ; ils ne sont ni injustes (1), ni ingrats (2), ni déloyaux (3), ni perfides. Ils

(1) « La nouvelle que les vaisseaux grecs qui croi-
« sent dans l'Archipel avaient pillé les navires anglais
« a été complètement démentie. Il est vrai qu'ils en
« ont arrêté quelques-uns ; mais au lieu de les piller,
« ils désiraient en acheter la cargaison, et lorsqu'on a
« refusé de la leur vendre, non seulement ils les ont
« remis en liberté, mais ils ont offert aux capitaines
« de les indemniser du temps qu'on leur a fait perdre.
« Si quelques vaisseaux français, pris et relâchés en-
« suite, ont été capturés par les Grecs, on ne doit s'en
« prendre qu'à ceux qui souffraient que ces navires
« portassent des bleds aux Turcs pour ravitailler
« leurs places fortes. »

(2) « Les belles actions des temps héroïques se re-
« nouvellent : un jeune hétériste s'est volontairement
« dévoué à une mort presque certaine, pour sauver
« la vie de son général, le brave Jordaki. » Journaux divers.

(3) « Après la prise de Napoli di Romania, le gé-
« néral grec Nikitat, ordonna de transférer à Tripo-
« lizza les deux Pachas turcs et leurs harems pour y
« rester jusqu'à ce qu'ils eussent acquitté la rançon
« convenue, n'ayant obtenu aucune capitulation puis-

n'ont pas emprunté ce caractère à leurs affreux tyrans. Ah! si les travaux héroïques de vos braves étaient récompensés dans la postérité par une gloire ineffaçable, par une auréole immortelle, la reconnaissance des Hellènes vous élèvera dans leur mémoire des trophées plus solides et plus durables que le granit et l'airain. »

L'enthousiasme m'avait saisi moi-même. Philoménor me semblait un génie inspiré du ciel, tant ses yeux étincelaient de la flamme du patriotisme et de la valeur ; tant son teint était coloré par les différentes passions dont il était agité ; après un moment de silence,

« que la Palamède fut enlevée d'assaut. Chaque pri-
« sonnier turc reçut ensuite du gouvernement grec
« une chemise, une couverture et vingt piastres. Après
« cette distribution qu'on ne devait pas aux incen-
« diaires d'Argos qui s'étaient baignés dans le sang
« des paysans chrétiens de l'Hermionide, ils furent
« embarqués, les uns sur une frégate anglaise, les au-
« tres reçus à bord de plusieurs vaisseaux grecs, et
« furent transportés à Scala Nuova, dans l'Asie-Mi-
« neure, où ils n'eurent pas plutôt pris terre, qu'ils
« se ruèrent comme des bêtes féroces sur les chré-
« tiens, en ameutant contre eux la populace turque,
« qui en égorgea un grand nombre. »

il tire une lettre de son sein, et me prie de la remettre à Mme de Valmont; puis, tout-à-coup, partageant la vive émotion, la profonde douleur et les sincères regrets qu'il me voyait éprouver, il me serre étroitement contre son cœur, inonde mon visage de ses larmes, et ne peut me dire que ce peu de mots; l'amitié ne les oubliera jamais: « Je vous quitte, mon ami; mais votre souvenir vivra toujours dans ma pensée. Consolez-vous; peut-être nous nous reverrons; mais jamais, je le jure, avant que la Grèce ne soit libre et heureuse. »

Il veut continuer; la parole expire sur ses lèvres; il s'arrache de mes bras avec effort; s'élance dans la chaise de poste qui l'attendait; et lorsque sa voix ne se faisait plus entendre, lorsque je ne pouvais plus l'apercevoir, je croyais écouter encore son éternel adieu.

FIN DU SECOND ET DERNIER VOLUME.

TABLE

DES CHAPITRES.

TOME II.

CHAPITRE XXXIX, page 91.

CHAPITRE XL, page 126.

CHAPITRE XLI, page 135.

CHAPITRE XLII, page 145.

CHAPITRE XLIII, page 152.

CHAPITRE XLIV, page 260.

CHAPITRE XLV, page 165.

CHAPITRE XLVI, page 174.

FIN.

www.ingramcontent.com/pod-product-compliance
Ingram Content Group UK Ltd.
Pitfield, Milton Keynes, MK11 3LW, UK
UKHW020307230726
13925UKWH00001B/265